东南土木·青年教师·科研论丛

地铁项目运营安全风险预测方法及应用

陆 莹 著

项目基金资助：
国家自然科学基金青年基金项目(51308113)
教育部人文社会科学研究青年基金项目(13YJCZH120)
江苏省基础研究计划(自然科学基金)青年基金项目(BK20130616)
高等学校博士学科点专项科研基金(新教师类)(20130092120040)
中央高校基本科研业务费专项资金资助

东南大学出版社
SOUTHEAST UNIVERSITY PRESS

·南京·

内 容 提 要

　　地铁系统是一个技术复杂、人口密集的交通系统,作为城市人口的重要运载体,一旦发生安全事故,将对个人生命及社会经济造成巨大影响。如何保证地铁系统的安全运行已成为各级政府及管理部门亟待解决的重要问题,同时也引起了社会的高度重视。本书将把关注点集中到地铁项目运营阶段的安全风险预测方法上,并将现有的视角引入到地铁项目运营安全风险的前兆信息,研究安全风险识别、安全风险概率测定的方法,为地铁项目运营安全事故的防治打下良好的理论基础。地铁项目运营安全风险预测方法体系为开发地铁项目运营安全风险管理系统提供了全新的思路,是系统的核心价值所在。在地铁实际运行过程中,根据该系统识别、预测的结果,可采取积极的措施来预防地铁运营事故的发生,最大程度地保证地铁的安全使用,保障地铁持续地发挥基础效用。

　　本书可供地铁运营安全风险相关研究人员和地铁运营公司从业人员参考使用。

图书在版编目(CIP)数据

　　地铁项目运营安全风险预测方法及应用/陆莹著. —南京:东南大学出版社,2015.8

　　(东南土木青年教师科研论丛)

　　ISBN 978-7-5641-5717-3

　　Ⅰ.①地… Ⅱ.①陆… Ⅲ.①地下铁道运输-安全风险-预测 Ⅳ.①U231

　　中国版本图书馆 CIP 数据核字(2015)第 096896 号

书　　名	地铁项目运营安全风险预测方法及应用
著　　者	陆　莹
责任编辑	丁　丁
编辑邮箱	d.d.00@163.com
出版发行	东南大学出版社
社　　址	南京市四牌楼 2 号　邮编:210096
出 版 人	江建中
网　　址	http://www.seupress.com
电子邮箱	press@seupress.com
经　　销	全国各地新华书店
印　　刷	南京玉河印刷厂
版　　次	2015 年 8 月第 1 版
印　　次	2015 年 8 月第 1 次印刷
开　　本	787 mm×1 092 mm　1/16
印　　张	8.25
字　　数	201 千
书　　号	ISBN 978-7-5641-5717-3
定　　价	38.00 元

本社图书若有印装质量问题,请直接与营销部联系。电话(传真):025-83791830

序

作为社会经济发展的支柱性产业,土木工程是我国提升人居环境、改善交通条件、发展公共事业、扩大生产规模、促进商业发展、提升城市竞争力、开发和改造自然的基础性行业。随着社会的发展和科技的进步,基础设施的规模、功能、造型和相应的建筑技术越来越大型化、复杂化和多样化,对土木工程结构设计理论与建造技术提出了新的挑战。尤其经过三十多年的改革开放和创新发展,在土木工程基础理论、设计方法、建造技术及工程应用方面,均取得了卓越成就,特别是进入21世纪以来,在高层、大跨、超长、重载等建筑结构方面成绩尤其惊人,国家体育场馆、人民日报社新楼以及京沪高铁、东海大桥、珠港澳桥隧工程等高难度项目的建设更把技术革新推到了科研工作的前沿。未来,土木工程领域中仍将有许多课题和难题出现,需要我们探讨和攻克。

另一方面,环境问题特别是气候变异的影响将越来越受到重视,全球性的人口增长以及城镇化建设要求广泛采用可持续发展理念来实现节能减排。在可持续发展的国际大背景下,"高能耗""短寿命"的行业性弊病成为国内土木界面临的最严峻的问题,土木工程行业的技术进步已成为建设资源节约型、环境友好型社会的迫切需求。以利用预应力技术来实现节能减排为例,预应力的实现是以使用高强高性能材料为基础的,其中,高强预应力钢筋的强度是建筑用普通钢筋的3~4倍以上,而单位能耗只是略有增加;高性能混凝土比普通混凝土的强度高1倍以上甚至更多,而单位能耗相差不大;使用预应力技术,则可以节省混凝土和钢材20%~30%,随着高强钢筋、高强等级混凝土使用比例的增加,碳排放量将相应减少。

东南大学土木工程学科于1923年由时任国立东南大学首任工科主任的茅以升先生等人首倡成立。在茅以升、金宝桢、徐百川、梁治明、刘树勋、方福森、胡乾善、唐念慈、鲍恩湛、丁大钧、蒋永生等著名专家学者为代表的历代东大土木人的不懈努力下,土木工程系迅速壮大。如今,东南大学的土木工程学科以土木工程学院为主,交通学院、材料科学与工程学院以及能源与环境学院参与共同建设,目前拥有4位院士、6位国家千人计划特聘专家和4位国家青年千人计划入选者、7位长江学者和国家杰出青年基金获得者、2位国家级教学名师;科研成果获国家技术发明奖4项,国家科技进步奖20余项,在教育部学位与研究生教育发展中心主持的2012年全国学科评估排名中,土木工程位列全国第三。

近年来,东南大学土木工程学院特别注重青年教师的培养和发展,吸引了一批海外知名大学博士毕业青年才俊的加入,8人入选教育部新世纪优秀人才,8人在35岁前晋升教授或博导,有12位40岁以下年轻教师在近5年内留学海外1年以上。不远的将来,这些青年学者们将会成为我国土木工程行业的中坚力量。

时逢东南大学土木工程学科创建暨土木工程系(学院)成立90周年,东南大学土木工程学院组织出版《东南土木青年教师科研论丛》,将本学院青年教师在工程结构基本理论、新材料、新型结构体系、结构防灾减灾性能、工程管理等方面的最新研究成果及时整理出版。本丛书的出版,得益于东南大学出版社的大力支持,尤其是丁丁编辑的帮助,我们很感谢他们对出版年轻学者学术著作的热心扶持。最后,我们希望本丛书的出版对我国土木工程行业的发展与技术进步起到一定的推动作用,同时,希望丛书的编写者们继续努力,并挑起东大土木未来发展的重担。

东南大学土木工程学院领导让我为本丛书作序,我在《东南土木青年教师科研论丛》中写了上面这些话,算作序。

中国工程院院士:吕志涛

2013.12.23.

前 言

地铁系统是一个技术复杂、人口密集的交通系统,作为城市人口的重要运载体,一旦发生安全事故,将对个人生命及社会经济造成巨大影响。随着国内地铁项目建设的相继完工,地铁系统陆续投入使用,运营安全问题已引起研究人员和从业人员的广泛关注。为防止事故的发生,研究地铁项目运营安全风险显得尤为重要。识别事故发生前可能的前兆信息(Precursor)具有提高安全绩效的巨大潜力,许多组织已经开始研究如何确定事故前兆信息的程序和方法,并且已经从中获益。本书的研究目标就是基于前兆信息的视角,建立针对地铁项目运营安全风险识别、风险概率测定的预测方法体系,并进行实证分析。

本书在详细的文献综述的基础上,首先分析了国内外安全风险、地铁项目运营安全风险的研究现状和研究方向,并指出目前地铁项目运营安全风险研究在系统性及方法论方面有很大的不足。进而,运用社会技术系统理论及相关的 SoTeRiA 模型,分析了地铁项目运营安全风险的形成机理。

针对现有研究及实践中提高安全绩效的不足,阐述了地铁项目运营过程中的前兆信息对提高安全绩效的重要意义,系统分析了地铁设备、环境系统可能存在的前兆信息;同时基于人因分析和分类系统(HFACS)对地铁项目相关工作人员进行了前兆信息的构建。在已构建的关于设备、环境及人的前兆信息体系的基础上,以两个列车碰撞事故、一个火灾事故为例,分析事故的原因,找出相应事故的前兆信息。

接着,运用信号检测理论及模糊集理论,对地铁项目运营系统的风险前兆信息进行判别。针对部分可测的前兆信息的识别和监控问题,技术上已经肯定了实时监控子系统实现的可能性,而大量与人相关的前兆信息,目前尚未先进到用技术来进行判别。因此,依靠地铁项目工作人员来判别前兆信息显得尤其重要,而如何衡量这样的判别能力也成为风险管理的关键。本书针对地铁系统中的工作人员,运用信号检测中的两个基本指标——辨别力指标与反应倾向性指标来衡量工作人员对风险前兆的判别能力,并进行了实证分析。实证结果表明,信号检测方法很好地区分出了工作人员对风险前兆的判别能力,对提高地铁项目运营的安全绩效具有重要意义。

再次,利用人工智能方法——案例推理,识别地铁项目运营安全风险。传统的风险识别依赖于企业安全管理人员的经验,这种风险识别的效率和结果将受到个人风险态度的影响;本书设计的风险识别系统是从前兆信息出发,分析系统现状与以往发生的事故案例的相似性,进而提供相似事故的危险情况,对系统现状的安全风险进行识别。在系统设计的过程中,案例表示主要根据事故的内容来进行框架的构建,其中,前兆信息是案例表示中的主要内容。为了实现案例的相似度计算,本书构建了前兆信息的语义网,运用概念相似度的方法计算前兆信息的局部相似度及案例的综合相似度。为了验证该方法的可行性,本书计算了列车碰撞案例之间的相似度、列车碰撞与火灾案例之间的相似度。从计算结果来看,两个列车碰撞案例之间的相似度明显大于列车碰撞与火灾案例之间的相似度,这与事实情况是符合的。因此,运用案例推理的方法来进行安全风险识别是可行而有效的。在实证分析中,以某地铁项目的运营情况为例,在已构建的地铁项目运营安全风险识别系统的基础上做进一步分析。结果表明,该系统存在乘客从 A 站台掉入轨道的风险及乘客在 B 站台拥挤受伤的风险。

最后,运用贝叶斯网络理论,实现地铁项目运营安全风险的概率测定。为构建安全风险事件的贝叶斯网络,本书在改进的受损致因模型(MLCM)的基础上,分析案例的致因过程,并基于多案例的集合方法建立了安全风险的贝叶斯网络模型。在确定条件概率的过程中,运用模糊集理论,依靠专家知识来提供可用的数据进行分析。推理算法是贝叶斯网络的核心,本书针对两类贝叶斯网络——离散贝叶斯网络和混合贝叶斯网络,分析了多种推理算法,实现安全风险的不确定性分析。在实证分析中,以基于 Hugin 消息传递方案的联合树算法为主,运用 Hugin 软件计算了某地铁项目运营中列车起火的风险概率。接着,针对贝叶斯网络中的基本事件,运用敏感性分析确定出对后果事件发生概率贡献较大的基本事件,以便采取有效的措施来减小这些基本事件的发生概率,从而减小后果事件发生的概率。敏感性分析结果显示,车轴温度过高的敏感性因子最大,是引起火灾风险的关键事件。在引起这个关键事件的顶事件中,现场管理更为重要,因此加强现场管理能够更加有效地降低事故发生的概率。现场管理不仅仅涉及站台员工、司机以及各类正在运营的工作人员,更关系到地铁项目运营公司的组织文化、安全气候,是一个综合有效的安全管理因素。因此,通过加强地铁项目运营人员的风险意识,实时监控地铁项目运营的安全状态,建立合理的现场管理流程,才能更加有效地降低事故发生的概率。

本书是在作者博士论文的基础上进一步完善而来的,导师李启明教授在本书的完成过程中一直给予关心并提供了重要的指导,在此一并表示深深的谢意!

在本书的写作过程中,参考了许多国内外相关专家学者的论文和著作,已在参考文献中列出,在此向他们表示感谢!对于可能遗漏的文献,在此也向作者表示歉意。

对地铁项目运营安全风险预测方法的研究是一个全新的方向,如果广大学者和地铁运营工作者能在本书中得到启发,作者不胜荣幸。同时书中难免有错漏之处,敬请各位读者批评指正,不胜感激!

陆 莹

2015 年 3 月于东南大学

目 录

第一章 绪论 ·· 1
1.1 研究背景及研究意义 ·· 1
1.1.1 研究背景 ·· 1
1.1.2 研究意义 ·· 2
1.2 国内外研究现状及不足 ·· 3
1.2.1 安全风险的研究现状 ·· 3
1.2.2 预测方法的研究现状 ·· 4
1.2.3 安全风险研究的发展阶段 ·· 6
1.2.4 地铁项目运营安全风险的研究现状 ······································ 7
1.2.5 现有研究的评论及不足 ·· 10
1.3 研究目标和内容 ·· 10
1.3.1 基本概念 ·· 10
1.3.2 研究目标 ·· 11
1.3.3 主要研究内容 ·· 12
1.3.4 研究内容框架结构 ·· 12
1.4 研究方法及技术路线 ·· 15
1.4.1 研究方法 ·· 15
1.4.2 技术路线 ·· 15
1.5 本章小结 ··· 16

第二章 基于STS理论的地铁项目运营安全风险形成机理 ························ 17
2.1 社会技术系统理论 ··· 17
2.1.1 社会技术系统理论概述 ·· 17
2.1.2 社会技术系统的失效机制 ·· 18
2.2 社会技术系统安全风险分析方法 ·· 19
2.2.1 技术系统的模型方法 ·· 19
2.2.2 社会系统的致因模型方法 ·· 21
2.2.3 社会技术系统的模型方法 ·· 22

2.3 基于 SoTeRiA 模型的地铁项目运营安全风险形成机理 ········ 24
2.3.1 地铁项目运营安全风险事件的分类 ············ 24
2.3.2 两列车碰撞风险形成机理 ················ 25
2.4 本章小结 ·························· 29

第三章 地铁项目运营安全风险前兆信息体系构建 ··········· 30
3.1 前兆信息的理论研究 ····················· 30
3.1.1 前兆信息的基本概念 ··················· 30
3.1.2 前兆信息的重要性 ··················· 30
3.2 基于人—机—环境的地铁项目运营安全风险前兆信息体系构建 ··· 32
3.2.1 设备相关的前兆信息分析 ················· 33
3.2.2 环境相关的前兆信息分析 ················· 34
3.2.3 基于 HFACS 的人员相关前兆信息分析 ············ 34
3.3 地铁项目运营事故案例 PaICFs 调查模型 ············ 38
3.3.1 PaICFs 调查模型简介 ·················· 39
3.3.2 地铁项目运营事故案例的 PaICFs 调查模型应用示例 ······ 40
3.3.3 相关结论 ······················· 44
3.4 本章小结 ·························· 45

第四章 基于 SDT 的地铁项目运营安全风险前兆信息判别 ········ 47
4.1 信号检测理论概述 ······················ 47
4.1.1 信号检测理论的基本原理 ················· 47
4.1.2 信号检测理论的应用综述 ················· 51
4.2 模糊集理论 ························· 52
4.2.1 模糊数 ························ 53
4.2.2 模糊数解模糊 ····················· 54
4.3 基于信号检测理论的前兆信息判别过程 ············· 54
4.3.1 选择模糊语言隶属函数 ·················· 55
4.3.2 运用隐藏函数 ····················· 56
4.3.3 计算击中率及虚报率 ··················· 57
4.3.4 计算辨别力指标与反应倾向性指标 ············· 57
4.4 实证分析 ·························· 58
4.4.1 调查问卷设计及数据收集 ················· 58
4.4.2 研究结果及讨论 ···················· 59
4.5 本章小结 ·························· 62

第五章 基于案例推理的地铁项目运营安全风险识别 ·· 63
5.1 基于案例推理的风险识别系统构建 ··· 63
5.1.1 案例推理的基本原理 ··· 63
5.1.2 基于案例推理的地铁项目运营安全风险识别系统架构 ······················ 65
5.2 案例表示 ··· 66
5.2.1 地铁项目运营事故案例的内容 ··· 66
5.2.2 地铁项目运营事故案例的表示 ··· 66
5.2.3 前兆信息的权值计算方法 ·· 68
5.3 案例检索 ··· 69
5.3.1 前兆信息语义网络的构建 ·· 69
5.3.2 概念相似度的计算方法 ··· 71
5.3.3 地铁项目运营事故案例综合相似度计算 ····································· 73
5.3.4 验证案例推理方法的有效性 ··· 75
5.4 实证分析 ··· 79
5.4.1 案例信息的输入 ··· 79
5.4.2 案例信息的检索 ··· 80
5.4.3 风险识别的结果 ··· 81
5.5 本章小结 ··· 81

第六章 基于贝叶斯网络的地铁项目运营安全风险概率测定 ································ 83
6.1 贝叶斯网络理论 ··· 83
6.2 贝叶斯网络的构建方法 ·· 84
6.2.1 基于改进的 MLCM 模型的致因链分析 ······································ 85
6.2.2 基于多案例集合的安全风险模型构建 ······································· 88
6.2.3 贝叶斯网络的条件概率确定 ··· 89
6.3 贝叶斯网络的精确推理算法 ·· 90
6.3.1 离散贝叶斯网络的精确推理算法 ··· 90
6.3.2 混合贝叶斯网络的精确推理算法 ··· 94
6.4 实证分析 ··· 96
6.4.1 确定条件概率 ·· 97
6.4.2 贝叶斯网络推理 ··· 98
6.4.3 敏感性分析 ··· 99
6.5 本章小结 ··· 100

第七章 结论与展望 ··· 102
7.1 主要的研究工作及其结论 ··· 102

7.2 创新点 ··· 103
7.3 研究不足及研究展望 ··· 104

参考文献 ·· 106

附录 ··· 117
附录1：关于地铁运营安全风险前兆信息的调查问卷 ···················· 117
附录2：标准正态分布函数数值表 ·· 120
附录3：利用 Hugin 软件计算边际概率及后验概率的界面示意 ····· 121

第一章 绪 论

1.1 研究背景及研究意义

1.1.1 研究背景

地铁(Subway)发展至今已有100多年的历史,从世界上许多大城市的发展经验可以看出,只有大力采用快速轨道交通系统,才能有效完成艰巨的城市客运任务[1]。从我国目前的情况来看,许多大中型城市都在大力建设地铁交通系统。作为城市人口的重要运载体,地铁在城市发展和人们日常生活中发挥着越来越重要的作用。

正是由于地铁的巨大作用,地铁项目运营阶段的安全问题也将随着地铁项目日后不断的投入使用而引起重视。这些安全问题主要体现在以下两个方面[2]:一方面是各种设备故障、运营管理不当等原因造成的列车运营延误或中断,其后果是影响乘客的正常出行,大面积和长时间的延误还会给整个城市的生产和生活造成较大的负面影响,如2005年8月26日上班高峰期,由于电风扇出现故障短路,北京市一辆内环地铁列车行驶至崇文门站时突然冒烟起火,被迫停在和平门地铁站灭火,内环地铁因此停运40余分钟,造成沿线车站大面积乘客滞留;另一方面是由于人为破坏、自然灾害等造成的火灾、爆炸、中毒等灾难性的重大事件,其后果是造成生命和财产的重大损失。如1995年日本东京地铁车站发生沙林毒气事件,共造成12人死亡,5 000余人受伤;2003年韩国大邱地铁人为纵火案造成198人死亡;2004年莫斯科地铁发生爆炸,造成30多人死亡,70多人受伤;2004年西班牙马德里连环爆炸案共造成200多人死亡[3];2005年伦敦地铁爆炸案共造成49人死亡,700多人受伤;2010年莫斯科地铁恐怖袭击案共造成60多人伤亡。

地铁系统是一个由人—机—环境组成的复杂系统。美国联邦运输管理机构FTA(Federal Transit Administration)的国家运输数据库NTD(National Transit Database)[4]显示(如表1-1),美国在2002—2008年间发生的地铁项目安全事件主要有4类:碰撞、出轨、火灾以及未分类的其他安全事件,其中23.0%属于火灾类事件、1.8%属于碰撞类事件、0.3%属于出轨类事件,而另外的74.9%属于未分类事件(图1-1)。这些事故的发生,一方面对乘客造成了巨大的威胁,另一方面对国家也造成了巨大的损失。

表 1-1 2002—2008 年美国地铁项目运营安全事件及其后果统计

	2002	2003	2004	2005	2006	2007	2008
碰撞(Collisions)	143	130	152	102	102	113	62
出轨(Derailment)	15	11	20	15	29	28	11
火灾(Fires)	1 718	1 561	1 620	1 830	1 702	1 967	12
未分类事件(Not otherwise classified)	5 044	3 832	4 479	3 791	4 434	4 854	7 543
合计(Total incidents)	6 920	5 534	6 271	5 738	6 267	6 962	7 628
死亡人数(Fatalities)	73	47	60	35	23	32	67
受伤人数(Injuries)	4 834	4 154	4 759	3 814	4 820	5 015	7 166
财产损失(Property damage)	$ 2 475 703	$ 5 652 164	$ 3 677 529	$ 4 413 656	$ 1 360 540	$ 7 813 527	无记录

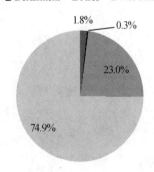

图 1-1 2002—2008 年美国地铁项目运营安全事件所占百分比

1.1.2 研究意义

面对上述大量的风险事故及安全隐患,如何保证地铁系统的安全运行已成为各级政府及管理部门亟待解决的重要问题,同时也引起了社会的高度重视,尤其是我国地铁尚处于快速发展的初期,和发达国家相比,我国地铁项目运营安全管理经验还很不足,针对地铁项目运营风险的研究十分缺乏。因此,针对我国目前的情况,即大部分地铁仍在建设中,少数地铁投入运营,在这种情况下便开始关注地铁项目运营阶段的安全风险,无论对于地铁项目安全研究领域还是地铁项目运营事故防范的实际应用方面都具有极大的前瞻性和挑战性。

同时,如果能在安全事故发生前就能预测到事故的发生,从而就能向可能受到伤害的人员发出信号,相关人员可以及时采取措施而避免此次事故的发生,这将是预防安全事故的有效途径。

从全寿命周期理论的研究角度出发,通过研究地铁项目运营阶段的安全风险,可以有效地为地铁项目设计阶段和施工阶段提供参考意义,从而尽量在设计和施工阶段将运营阶段有可能出现的问题加以考虑,增强在设计和施工阶段对于风险的分析,实现全寿命周期风险损失最小的目标。

基于这些关键问题,本书将把关注点集中到地铁项目运营阶段的安全风险预测方法研究上,并将现有的研究视角引入到地铁项目运营安全风险的前兆信息,提供了对前兆信息进行实时监控的途径,解析了安全风险识别、安全风险概率测定的方法,为地铁项目运营安全事故的防治打下良好的理论基础。

同时,本书提出的地铁项目运营安全风险预测方法体系为开发地铁项目运营安全风险管理系统提供了全新的思路,是系统的核心价值所在。该系统可综合前兆信息的监控、判别功能,通过案例库的运用实现风险识别及风险概率的测定,具有广泛的应用价值。在地铁实际运行过程中,根据该系统识别、预测的结果,可采取积极的措施来预防地铁运营事故的发生,最大限度地保证地铁的安全使用,保障地铁持续地发挥基础效用。

1.2 国内外研究现状及不足

1.2.1 安全风险的研究现状

与预测地铁项目运营安全风险实践相辅相成的是对安全风险(Safety risks)相关理论的研究。国内外关于安全风险的研究主要集中在以下两个方面:关于事故致因理论的研究、事故预防理论的研究。

(1) 事故致因理论

对于事故致因的研究,较为著名的是 Heinrich 的事故致因模型(Accident Causation Models),也就是著名的"多米诺"理论,该理论构建了导致伤亡事故的各种因素之间、因素与伤害之间的关系。其核心思想是,伤亡事故的发生不是一个孤立的事件,而是一系列原因事件相继发生的结果,伤害与各原因相互之间具有连锁关系[5]。之后,Gibson 又提出能量转移理论,认为事故是一种不正常的或不希望的能量释放,各种形式的能量释放构成了伤害的直接原因,应该通过控制能量或控制作为能量达到人体媒介的能量载体来预防伤害事故。同时,轨迹交叉理论认为,在事故发展过程中,人的因素的运动轨迹与物的因素的运动轨迹的交点,即人的不安全行为与物的不安全状态相遇,则将在此时间、空间发生事故。按该理论,可以通过避免人与物两种因素运动轨迹交叉,即避免人的不安全行为和物的不安全状态同时、同地出现,来预防事故的发生。

针对人为失误的研究,主要体现在行为模型和人的因素模型中。行为模型认为工人是事故的主要原因,研究人在不同的状态和环境状况下发生失误的趋势。Rigby 的人员过失理论(Human Error Theories)将人为失误定义为"人"的行为的结果超出了可接受的界限,换言之,人为失误是指人在生产操作过程中,实际实现的功能与被要求的功能之间的偏差,其结果可能以某种形式给系统带来不良的影响[6]。同时,Reason 提出的人为失误理论,对人为因素在安全事故发生过程中的作用进行了详细分析[7]。

(2) 事故预防理论

在事故预防理论的研究过程中,美国安全工程师海因里希在 1931 年出版的著作《安全事故预防:一个科学的方法》一书中,通过分析55万起工伤事故的发生概率,为保险公司的经营提出了著名的安全金字塔法则。该法则认为,在1起重伤害事故背后,有29起轻伤害事故,303起无伤害虚惊事件,以及大量的不安全行为和不安全状态存在,之间的关系可以形象地用安全金字塔来示例。金字塔的顶峰为严重事故,它可能导致人员的伤亡、财产的损失、对环境的影响以及对生产过程严重的干扰。险兆事件则是处在金字塔的最底层,这些事件有可能导致事故的发生,但幸运的是事实上并没有发生。险兆事件相比事故来说很不明显,它不会对人员或环境造成直接的影响。

从海因里希的安全金字塔分析可以得出:若不对不安全行为和不安全状态进行有效控制,可能形成303起无伤害的虚惊事件,而这303起无伤害虚惊事件的控制失效,则可能出现29起轻伤害事故,直至最终导致重伤害事故的出现。

海因里希"安全金字塔"法则揭示了一个十分重要的事故预防原理:要预防死亡重伤害事故,必须预防轻伤害事故;预防轻伤害事故,必须预防无伤害虚惊事故;预防无伤害虚惊事故,必须消除日常不安全行为和不安全状态;而能否消除日常不安全行为和不安全状态,则取决于日常管理是否到位,也就是常说的细节管理,这是作为预防死亡重伤害事故的最重要的基础工作。现实中就是要从细节管理入手,抓好日常安全管理工作,降低安全金字塔最底层的不安全行为和不安全状态,预防重大事故的出现,实现全员安全。

黄洪举在总结了事故致因理论的基础上,提出了伤亡事故金字塔模型,该模型从险兆事件到最后实际事故发生的过程中,每一个阶段都有不同的隔板。该模型认为事故一个因素向另一个因素过渡是需要能量的,这个能量主要是引起隐患、克服隔板阻挠、产生事故以及对周围环境影响的因素[8]。同时该文献提出如果工业生产中科技得到充分应用,可以杜绝事故的发生,并控制事故对周围环境的影响。

飞机涡轮机的发明者德国人帕布斯海恩提出了一个在航空界关于飞行安全的法则,即每一起重大飞行安全事故的背后有29个事故征兆,每一个事故征兆背后又有303个事故苗头,每一个事故苗头背后又有1 000个事故隐患,这就是著名的海恩法则,简记为1∶29∶303∶1 000,这一法则虽然是针对航空界飞行安全而言的,但它所揭示的事故背后有征兆,征兆背后有苗头是适用于各行各业的。因此,海恩法则被业界奉为万能法则。吕保和在文中引用了著名的海恩法则,并将其演变成:如果将事故按其后果的严重程度分为无伤害事故、轻伤害事故和严重伤害事故,那么对于同类事故而言,大量出现的是无伤害事故,而严重伤害事故所占的比例很小[9]。他在调查中发现,每333起同种事故中,303起事故没有造成任何伤害,29起有轻微伤害,只有1起造成了严重伤害,即三者的比例为303∶29∶1。

1.2.2 预测方法的研究现状

事故预测是基于可知的信息和情报,对预测对象的安全状况进行预报和预测。由于可以分析事故的变化趋势和事故的安全隐患,近年来事故预测的方法逐步成为学者们关注的热点。据不完全统计,现有的各类预测方法达300种之多,而且现代预测方法的发展,往往是各种预测方法的交叉运用和相互渗透,因此难以进行绝对化的划分。基于国内外主要数据库和资料（如 EBSCO、Science direct 等），当前常见的事故预测方法可概括为两大类：情景分析法和回归预测法。

（1）情景分析法（Scenario analysis）

情景分析法普遍适用于对缺少历史统计资料或趋势面临转折的事件进行预测。该方法目前发展很快，在事故预测方面常结合其他定量方法，根据情景分析得到最有可能发生的情景方案，对其进行调整优化将会使预测的结果更加合理。

自 20 世纪 50 年代以来，国外研究人员提出了初步危险分析（PHA）、事故树分析（FTA）、事件树分析（ETA）、因果分析图法、运行危险分析（HAZOP）等分析方法，经过多年的研究与改进，目前这些方法已逐步成熟，并在实际应用中取得了良好的效果[10-25]。目前对安全性研究的一个热点是对系统动态过程安全性的研究，国外学者在 80 年代末提出了动态事件树法[26-27]、动态故障树法[28-29]、Petri 网[30-34]等分析方法。

Nivolianitou 从事件排序、事件因素、事件之间的依赖性、建模时间以及差错恢复能力等方面对这 3 种技术进行了对比，发现 Petri 网对事故发展提供了较好的时间描述，而事件树侧重于分析事件的因素，故障树侧重于梳理出影响事故发生的主要事件[35]。目前研究的热点是管理者智力模型的伸展、组织学习的引发和加速过程等。

Khan 研究了化工过程中比较普遍的风险评估方法——最大可信事故分析（Maximum Credible Accident，MCA）[36]，开发出了相关的软件包[37]；在此基础上，Khan 提出了一种可以从大量的可能性中识别出最可信事故情景的准则，降低了用不可信情景代替可靠情景的代价[38]，并结合最大可信事故和概率统计故障树分析方法，提出了一种新的方法——SCAP（Safety，Credible Accident，Probabilistic fault tree analysis）[39]。

（2）回归预测法

回归预测是根据历史数据的变化规律，寻找自变量与因变量之间的回归方程，确定模型参数，据此做出预测。回归预测中的因变量和自变量在时间上是并进关系，即因变量的预测值要由并进的自变量值来旁推。回归预测要求样本量大且样本有较好的分布规律。根据自变量的多少可将回归问题分为一元和多元回归，按照回归方程的类型可分为线性回归和非线性回归。

多元线性回归在事故分析时可能会带来一些不必要的统计特征，因此为了弥补多元线性回归的缺陷，提出了用泊松分布来对事故发生的概率建模，而当样本数据过度离散时，泊松模型可能无法准确描述其概率分布，或过高地估计事故发生的可能性，这时可以使用更加一般的概率分布，如负二项分布。

Abdel-Aty 和 Evans 的研究表明泊松分布和负二项分布均是常见的离散型分布[40-41]。

Maher 以交通事故为例，将广义线性回归、泊松和二项式模型的适用性进行了比较，发现基于最小二乘法，具有泊松误差结构的线性回归比传统的多元线性回归更适用[42]。考虑到观察样本中出现较多零事件的情况，此时泊松和负二项式模型不能解释这种分布，从而在此基础上产生了 ZIP（Zero Inflated Poisson）回归预测模型和 ZINB（Zero Inflated Negative Binomial）预测模型，这种模型具有 2 个状态，也就是将 0 状态从原有的数据状态中分离出来[43]。

Milton 将 Mixed Logit 模型（也称为 Radom Parameters Logit 模型）用到事故预测中，

来评估整体而不是局部的事故分布[44]。Mixed Logit 模型的参数能够随机变化,并且能够处理异质性问题,也就是能够发现事故分布中的异常现象,这种现象往往由大量因素造成,从而揭示了没有观察到的其他因素的潜在影响。

当预测的长度大于占有的原始数据长度时,采用回归方法进行预测在理论上不能保证预测结果的精度;另外,可能出现量化结果与定性分析结果不符的情况,有时难以找到合适的回归方程类型。因此,针对诸多不同的事故因素和可能后果,要选择不同的模型,而且事故与各个因素之间的关系可能相当复杂,对建立的模型进行检验是很重要的。如 ANOVA 统计检验,可以发现这些样本数据之间是否存在重要的区别,从而确定是否需要增加或合并数据以及针对不同情况分别建立模型[45]。

1.2.3　安全风险研究的发展阶段

关于安全风险的研究主要经历了以下几个阶段的发展[46]。

在早期阶段,高风险的核工业系统主要是基于深层次的防御保护来进行设计的。这个理念的结果是,工程系统具有非常保守的设计和规则,如频繁的质量控制和检查。操作人员、维护人员的工作指导书是根据功能设计产生的,官方标准的操作程序是根据技术可靠性分析而形成的,这也是当时控制行为的唯一工具。Rasmussen 称这个阶段主要考虑技术系统,而将人的行为假设为标准模型(Normative models)[47]。

第一阶段的主要特点是开始使用正式的风险分析,如经典的概率风险评价(Probabilistic Risk Assessment, PRA)[48],这些方法主要用于规则系统(如具有风险概念的规则)和操作(如基于风险理论的维护中断计划),并且大部分的方法是面向技术系统。之后发现除了技术故障,人因失误(Human Error)也是导致事故发生的主要原因。研究人的可靠性的第一代方法,如人的错误率预测技术(Technique for Human Error Rate Prediction, THERP)[49],是用来预测操作人员完成给定任务程序的错误概率。紧接着,新的扩展模型,即包含组织因素的安全风险模型开始出现。经大量事故调查发现,在操作和维护技术系统时,人因失误的根源在于现场管理和组织因素[50-51]。Reason's[50-51]的奶酪模型(Swiss Cheese Model)是第一个包含组织因素的事故理论,描述了组织因素对人员失误及最终发生事故的影响过程。这个时期也有大量的方法用于定量研究组织因素对系统风险的影响,包括 MACHINE[52], WPAM[53-54], SAM[55], Omega Factor Model[56], ASRM[57], 以及 Causal Modeling of Air Safety[58]。Rasmussen[47]称这个阶段安全风险分析理论的特点是面向"标准行为偏差"(Deviations from normative performance)。而对于包括组织因素的事故模型,则主要面向"偏离正常的管理错误"(Management errors and deviations from norm)。

第二阶段的安全风险研究更现实地考虑了硬件、人以及组织。经典的 PRA 方法发展为动态的 PRA[59-60];人的可靠性(Human Reliability Analysis, HRA)模型越来越多地考虑认知行为,主要包括 Hollnagel 的认知可靠性和错误分析方法(Cognitive Reliability and Error Analysis Method, CREAM)[61], Mosleh and Chang 的面向组员的信息、决策和行为模型(Information, Decision, and Action in Crew context, IDAC)[62]。同时该阶段还提出了基于模拟的技术,主要是将人的可靠性分析方法与技术系统的动态行为模型相集成,例如将事故动态模拟方法(Accident Dynamics Simulator,ADS)[63]与信息、决策和行为方法(Information, Decision, and Action,IDA)[64]进行集成。Rasmussen[47]称这个阶段主要是面向个人和组织的"实际行为"(Actual behavior)来构建安全风险模型。然而,这个阶段安全风险框架中的"组织因素模型"仍然在不断地演变,这些模型尝试去表现导致事故发生的潜在组织机理,模型的研究主要集中在组织行为的动态性和集合性上。在理论方法方面,Rasmussen[47]引用了高度可靠性组织和学习性组织的自组织性[65-66],来分析"管理和组织"对风险的影响。一般事故理论(Normal Accident Theory)[67]认为事故是由多因素交互闭合后引起的,这也是第二阶段关于组织安全的观点。同时,这个阶段的量化技术大部分是处理组织性影响的动态方面,如 Biondi[68]利用 Bella[69]开发的定性模型,研究因组织动态性导致系统可靠性的变化。其他学者,如 Cooke[70] and Leveson[71],利用系统动力学方法[72]研究组织动态性。但是这些模型并不包括详细的、类似技术系统 PRA 的方法。Yu J 等[73]也利用系统动力学方法评价组织因素对核工业安全的影响,他们的工作都在尝试将系统动力学与 PRA 方法相互联系起来。然而,PRA 方法与系统动力学方法之间的联系还不清晰。因此,在这个阶段,也是目前的形式下,安全风险分析还存在着很大的挑战,包括组织模型、人的可靠性以及 PRA 方法这三个方面。

1.2.4 地铁项目运营安全风险的研究现状

1.2.4.1 国内研究现状

目前国内针对地铁项目运营安全风险研究才刚起步,研究内容主要集中在安全风险产生的根本原因、安全风险管理体系、安全风险的量化方法等方面。

(1) 安全风险产生的根本原因及安全风险管理体系

黄宏伟[74]通过对国际重大地铁事故的简单统计分析,指出人为纵火、恐怖袭击等社会灾害、工作人员操作不当和机械故障等因素是造成地铁产生重大风险事故的主要原因。在此基础上,对地铁项目运营安全风险管理的特点和定义进行探讨,并进一步介绍国内外大型城市地铁项目运营的典型风险管理体系,指出目前国内地铁项目运营风险管理中存在的主要问题,并针对其中问题提出具体的建议性措施。代宝乾、汪彤等在对地铁运营系统危险有害因素辨识分析的过程中,提出地铁运营系统主要包括客运车站系统、车辆系统、供电系统、线路系统、通信信号系统、通风/排烟等机电系统以及其他辅助设备系统。任何一台设备出现故障或受到外界因素影响,都会导致运营中断或事故的发生[75]。宋维华[76]从风险辨识、风险评估、风险等级划分、风险控制这四个方面,阐述了地铁项目运营风险管理的内容,并针对国内外地铁采取的风险管理方法,提出了运营安全风险管理的对策。金淮等[77]探讨了安全风险技术管理体系的内涵,体系建立的原则、程序,体系的组成及内容,体系建立和运行中需注意的问题,并用北京安全风险管理的典型案例说明体系建立和运行的过程。毛儒[78]在研究英国轨道交通安全风险管理准则的基础上,从系统形成的不同阶段分析了轨道交通系统工程的安全保证,分别研究了英国、法国、德国的风险接受标准。

(2) 安全风险的量化方法

从地铁项目运营安全风险的量化方法来看,主要集中在运用经典的概率风险评价法

(PRA)及故障树方法(FTA),对风险进行定量研究。代宝乾[75]在对国内外63起地铁典型事故分析的基础上,确定了地铁火灾、列车脱轨、拥挤踩踏、中毒窒息、列车撞车等危险事件,并对影响事故的后果严重度和发生频率进行了量化分析,给出了危险度计算查阅赋值表。马开明[79]针对风险概率和风险损失的问题分别提出了相应的量化方法:在传统的概率估计方法(利用历史数据计算概率)的基础上,运用信息扩散理论,提高风险概率计算的精度;同时建立了风险损失的基本模型,统一了风险损失的表达方式,从设备损失、人员伤亡、时间损失等角度定量衡量风险损失。张淼[80]采用故障树分析法对地铁综合监控系统进行可靠性分析,定量求出系统失效概率、系统设备/子系统对系统失效的贡献率。

但是在利用概率风险评价法、故障树方法的研究过程中,还存在着一些问题。其中,概率风险评价法的不足是:第一,在考虑风险的发生概率时主要通过对以前发生的不安全事件进行统计分析,从而得出特定风险的发生概率。但是,通过此方法得到的风险发生概率只能说明该风险在过去的一段时间内发生的可能性,而不能说明在当前或在将来的一段时间内该风险发生的可能性。因为事物是发展变化的,现在的或将来的运行环境(文中的运行环境是指广义的环境,包括自然环境、设施设备、人员素质、管理措施等)与之前相比会发生一些变化,该变化有可能提高了风险的可能性,也有可能降低了风险的可能性。因此,在考虑风险的发生概率时,直接将以前的发生概率作为该风险当前的或未来一段时间内的发生概率有失客观性。第二,该方法在考虑风险后果的严重性时只对一种后果情况进行讨论,而事实上当某一风险发生时,其后果可能有多种情况,而不可能只有一种情况,如果只考虑一种后果情况显然是不客观的。而故障树方法,虽然是从结果到原因找出与危险事件有关的各种因素之间的因果关系并进行概率计算,但其描述的是逻辑变量之间的静态关系,不能够描述系统的动态的行为特征,不能处理时间、过程变量或人为因素(这些因素都会影响系统的动态反应),没有涉及系统运行中随时间的变化、系统状态的演化以及部件故障时序不同等因素造成对系统安全性影响的差异[81]。

针对上述风险评价方法存在的一些不足,师立晨等[82]对原来的QRA模型进行了改进,将安全措施作为降低安全风险的一个因素,研究了安全措施的量化表征及其对定量风险评价结果的影响;同时,在实证研究中运用中国安全生产科学研究院开发的重大危险源区域定量风险评价软件V1.0(CASST-QRA)来计算风险结果。张元[83]也在QRA原有模型的基础上,利用风险发生概率影响因素所发生的变化对风险的历史发生概率进行修正,从而得出在当前情况下风险的发生概率。但该研究的不足在于,对于风险发生概率影响因素(包括飞行员、飞机、环境和管理)的评价并没有进行科学深入的探讨。

另外,从我国有关技术标准规范状况来看,与地铁项目运营安全相关的有2007年发布的《地铁运营安全评价标准》。目前地铁项目运营安全研究面临的一个重要问题是缺乏系统性的研究,安全专业方面的研究成果在地铁系统中应用很少。

1.2.4.2 国外研究现状

在国外,关于安全风险的大部分研究主要集中在核工业、航空、化工等行业。由于很多国家将地铁归为铁路(Railroad)的一种类型,因此从文献检索来看,国外专门针对地铁项目的安全风险研究极少,且仅限于对地铁事故的报道。虽然关于地铁项目安全风险研究的文献不多,但在地铁项目运营的日常安全管理中,很多国家都已经运用了自己的风险管理方式。

英国伦敦地铁是世界上最早的地铁系统。从1863年创建至今,已经形成一个堪称全世界最密集和复杂的地铁网络。对于地铁项目运营安全管理,英国伦敦地铁公司有一套专属的风险管理方法:英国伦敦地铁公司风险量化评价方法(London Underground Limited Quantified Risk Assessment,LULQRA)。该方法中的风险含义是指特定危险事件(如列车碰撞事件)可能造成的财产损失或人员伤害(伤亡)的不确定性,通过研究财产损失或人员伤亡与特定危险事件之间的定量关系,确定危险事件的伤害程度,并在此基础上,分析重大危险事件发生的原因,从而采取一定的措施对其进行控制和改进。

整个伦敦地铁的安全风险评估过程,采用了不同的风险评估工具,主要包括:定量风险评估(QRA)、乘客风险评估(Customer Risk Assessment,CRA)、工作场所风险评估(Workplace Risk Assessment,WRA)。定量风险评估方法用来评估重大危险事件可能造成的财产损失或人员伤害(伤亡);乘客风险评估通过系统分析乘客的路线来确定乘客可能面临的伤害(伤亡),该方法最典型的是用来评估后果危害低的危险事件(Lower Consequence Hazards),如乘客扶梯摔倒事件;工作场所风险评估主要用来评估地铁从业人员面临的风险,通过分析所有工作和工作环境来确定危险事件及其风险,其中,与从业人员任务及其执行地点有关的风险是评估的重点。

美国纽约地铁从1904年开始发展,已拥有地铁线路26条,地铁车站468个,线路总长近370 km。纽约地铁的安全评定通常由美国交通部以及官方运输管理部门进行管理,通过各种评定检测之后,由国家交通系统中心提交一个安全风险认证报告,即SSC(Safety and Security Certification)。该认证计划是运输组织为了协助管理有效的认证程序而采用的基本工具,为整个工程的参与成员提供了程序执行的大体步骤和工作流程。包括系统风险因素的确定,工程中可操作性的安全风险指标,强调系统安全性和应急预案的重要性及实施,提供运营和检修安全指南,为运营检修职工提供有关规章制度和安全进程的课程,安全隐患、安全漏洞的识别以及相关的解决措施,实现SSC的同时保证地铁运营与其他交通系统及相连系统的协调性。

日本的城市地铁始建于东京,由于日本自然灾害频发,日本人的安全意识很强,对地铁项目安全方面采取的措施有:及时更新地铁设备,进行硬件和软件的改造;注重提高地铁科技含量;合理加强应急措施。

我国举行的"城市交通首届中青年专家论坛"将地铁安全的讨论重点放在如何建立系统的地铁管理体系,加强地铁系统的环境建设,营造地铁安全文化氛围。安全评价重点及事故分析方法、人—机关系的安全理论及技术、轨道交通重大事故应急预案研究、重大事故与灾害分析、安全施工技术和管理事故救援与运营的恢复以及灾害下专用防护技术都是大会的热点讨论专题。同时对于地铁项目安全理论的研究方面,也着重从系统论的观点,从事故预防、安全保障以及事故应急救援角度,搭建整体的安全研究的框架结构体系,将系统理念贯穿于整个安全研究之中,而这种研究理念也符合了国际先进的安全理论的要求。这也说明地铁项目的整体安全研究已经成为一种国际趋势,人们对于地铁项目安全的认识已经提高到一定的高度,对于它的研究也更加全面,更加深入。

1.2.5 现有研究的评论及不足

综合上述的研究成果可见,由于全国性的地铁项目建设刚刚起步,国内对地铁项目运营安全风险的研究非常缺乏。而针对已有的理论研究,它们有以下贡献和不足之处。

值得肯定的是,对地铁项目运营安全风险产生的根本原因的研究是一大推进,研究者从不同角度分析了安全风险的影响因素、安全风险的体系构建,该问题的研究为安全风险预测方法研究奠定了基础。但上述文献未从事故理论的前兆信息的角度来分析特定的安全风险事件,研究不深入,缺乏系统性,且大多是一些定性研究,尚未有文献研究地铁项目运营安全风险的系统分类、风险事件的形成机理。

同时,对安全风险前兆信息的研究,也是安全风险预测方法的发展趋势。国内外学者对预测方法开展了很多研究工作,但在利用计算智能等技术探索预测模型的研究方面,基本处于起步阶段,采用的技术和解决的问题,还远远不能满足安全管理的需要。要想在安全预测方法方面取得一定的进展,就必须广泛借鉴其他学科,特别是人工智能、模式识别等智能学科和非线性系统学科的研究成果。

任何一种预测方法都不是对某一预测问题的最终解法,而是考虑每一种方法如何能适用于某一个综合的预测方法。在实际应用中,系统安全本身往往是一个动态随机的非线性过程,要提高风险预测的精度,应将定性和定量预测、线性和非线性预测、静态和动态预测方法相结合,不断研究预测方法的最优组合方式。

1.3 研究目标和内容

1.3.1 基本概念

在风险理论中,风险的定义一直是一个研究的热点。联合国环境与人类安全研究所的 Katharina 整理出有影响的风险定义就有22种之多。我国风险理论研究专家黄崇福教授给出了一个严格但却一般化的风险定义:风险是与某种不利事件有关的一种未来情景[84]。赵学刚[85]在研究道路交通系统的特性及风险理论中有关定义研究的基础上,依据定义道路交通安全风险的原则,将"道路交通安全风险"(Traffic safety risk)定义为:特定范围的道路交通系统在将来一定时期内,可能出现的由车辆造成该系统内不确定对象的人身伤亡或财产损失的一种未来情景。为了能更明确地阐述安全风险的含义,闵京华[86]曾将安全风险与风险事件进行了比较,指出风险是事件产生的前提,事件是在一定条件下由安全风险演变而来的。图1-2给出了安全风险与风险事件之间的关系,从图中可以看出风险事件关注的是不利情况已经客观发生,而安全风险关注的是不利情况可能发生的未来情景。

图 1-2　安全风险与风险事件之间的关系

针对地铁运营系统的特性及风险理论中有关定义研究的基础上，本书给出地铁项目运营安全风险的定义：特定范围的地铁系统在将来一定时期内，可能出现的由人、设备、环境造成该系统内不确定对象的人身伤亡或财产损失的一种未来情景。

分析地铁项目运营安全风险的定义，可以得到地铁项目运营安全风险的构成要件：

(1) 时间要件。地铁项目运营安全风险的存在，是属于将来的某一段时期。不同的时间段内，有不同的安全风险。因此，表述地铁项目运营安全风险应该有时间的限制。

(2) 地域(对象)要件。地铁项目运营安全风险的存在，是属于一定的地域范围。不同的地域范围内，有不同的运营安全风险。因此，表述地铁项目运营安全风险应该有地域的限制。

(3) 对象要件。对象要件是指可能发生风险的对象，即为一定时间范围、某地铁系统范围内的不确定对象。具体是指包含在地铁系统内的人、设备、环境子系统。

(4) 结果要件。结果要件是指可能发生的人身伤亡或财产损失的一种未来情景。这里的情景是一种广义的景象或前景，泛指能被人们看到、感觉到或用仪器监测到的事件。显然，任何过去和现在的情景都不是风险，风险只是对未来而言。此外，风险必然有损失，没有损失就没有风险。

1.3.2　研究目标

地铁系统是一个技术复杂、人口密集的交通系统，作为城市人口的重要载体，一旦发生安全事故，将对个人、家庭及社会造成巨大影响。因此，必须加强对地铁项目运营安全风险前兆信息的研究，达到防患于未然的目的。然而，目前的安全管理系统缺乏应对风险前兆信息的有效机制，现有的研究对地铁项目运营安全风险的前兆信息没有引起足够重视，风险识别和风险概率预测的方法非常少，且无法达到信息化的要求。Cooper 也指出，对安全危险源的监控是预测安全风险的关键所在，但是目前主要的研究都没有注意到这一点[87]。Carter 和 Smith 也表达了类似的观点，指出对危险源的管理是安全问题的关键[88]。

本书的研究目标就是基于前兆信息的视角，构建地铁项目运营安全风险识别系统，实现安全风险的概率测定，主要包括：(1) 理解社会技术系统理论，分析地铁项目运营安全风险形成机理；(2) 理解前兆信息的概念，从人—机—环境的角度，构建地铁项目运营安全风险的前兆信息体系；(3) 建立基于信号检测理论的地铁项目运营安全风险前兆信息判别模型，并进行实证分析；(4) 建立基于案例推理的地铁项目运营安全风险识别系统，计算案例的相似度，并进行实证分析；(5) 建立基于贝叶斯网络的地铁项目运营安全风险概率测定过程，并进行实证分析。

本书将现有的研究视角引入到地铁项目运营安全风险的前兆信息，提供了对前兆信息进行实时监控的途径，构建了安全风险预测方法体系，为地铁项目运营安全事故的防治打下良好的理论基础。

1.3.3 主要研究内容

（1）基于STS理论的地铁项目运营安全风险形成机理

阐述社会技术系统理论的内容，并从事故成因的角度来分析社会技术系统的失效机制；全面分析技术系统、社会系统各自的安全风险分析方法：事件树、故障树及贝叶斯网络，以及综合这些方法而形成的"社会技术风险分析"模型（Socio-Technical Risk Analysis，SoTeRiA）；在此基础上，以地铁列车碰撞风险为例，运用SoTeRiA模型详细分析该风险的形成机理。

（2）地铁项目运营安全风险前兆信息体系构建

分析前兆信息对提高安全绩效的重要意义；系统分析地铁设备、环境系统可能存在的前兆信息，同时基于人因分析和分类系统（Human Factors Analysis and Classification System，HFACS）对地铁相关工作人员进行前兆信息的构建；在已构建的关于设备、环境及人的前兆信息体系的基础上，以一个火灾事故、两个列车碰撞事故为例，通过分解事故的原因，找出相应事故的前兆信息。

（3）基于SDT的地铁项目运营安全风险前兆信息判别

阐述信号检测理论的基本原理；运用模糊集（Fuzzy sets）理论对前兆信息进行模糊定义，当工作人员对前兆信息的判别不再局限于"yes/no"的时候，信号检测理论就可以结合模糊集理论来分析工作人员的判别能力；提出运用信号检测理论计算工作人员对前兆信息的判别能力的过程；并运用信号检测中的两个基本指标——辨别力指标与反应倾向性指标，来衡量工作人员对风险前兆的判别能力，并进行实证分析。

（4）基于案例推理的地铁项目运营安全风险识别

基于前兆信息，构建风险识别系统架构；详细阐述案例表示的内容及表示方法，确定前兆信息是案例表示中的主要内容；提出基于概率统计的权值计算方法，即从案例库中学习各precursor的权值；构建前兆信息的语义网，运用概念相似度的方法计算前兆信息的局部相似度及案例的综合相似度；为验证该方法的可行性，计算列车碰撞案例之间的相似度、列车碰撞与火灾案例之间的相似度；以某地铁系统的运营情况为例进行实证研究。

（5）基于贝叶斯网络的地铁项目运营安全风险概率测定

阐述贝叶斯网络的理论，提出贝叶斯网络的构建方法；利用改进的受损致因模型（Modified Loss Causation Model，MLCM）对事故案例的致因链进行分析，并提出相应的案例分析流程；在多个案例分析的基础上进行集合，构建安全风险的贝叶斯网络结构；引入模糊集理论，从宏观的角度分别给出模糊概率值的语言描述，并用语言变量表示，可以使专家的评判更直观；针对离散贝叶斯网络、混合贝叶斯网络，提出各类推理算法的内容及过程；以某地铁系统的列车起火风险为例进行实证研究。

1.3.4 研究内容框架结构

本书的研究内容是一个有机的整体，可以用图1-3所示的框架结构图表示研究内容之间的关系。

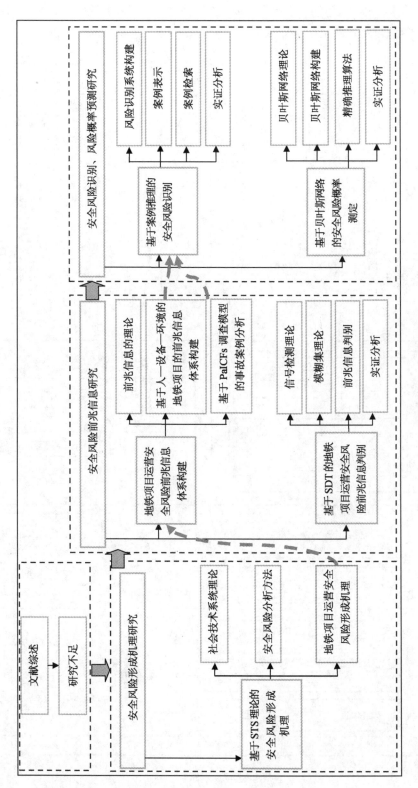

图 1-3 本书研究内容框架结构图

同时，安全风险前兆信息、安全风险识别及安全风险概率预测的研究内容之间存在着紧密的联系。因此，本书构建出了地铁项目运营安全风险预测方法体系，如图1-4所示。

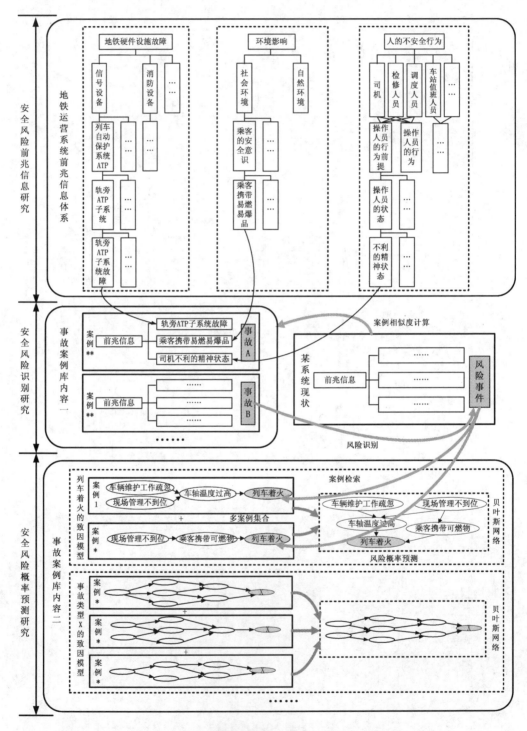

图1-4 地铁项目运营安全风险预测方法体系

1.4 研究方法及技术路线

1.4.1 研究方法

本书遵循理论与实践相结合、定性与定量相结合的研究思路,采用系统和过程的观点对地铁项目运营安全风险预测方法进行了全面而深入的分析,主要包括以下有关方法。

(1) 文献分析法

通过查阅国内外的相关文献,对"安全风险"及"地铁项目运营安全"的现有研究做了系统而全面的分析和总结,指出其中的不足,并提出所要解决的问题。

(2) 调查问卷

在实证分析中,一方面向地铁项目的安全管理专家、地铁工作人员发送调查问卷,运用信号检测理论(SDT)测定地铁工作人员对风险前兆的判别能力;另一方面,向安全管理专家发送调查问卷,利用模糊集理论,确定贝叶斯网络中基本事件的条件概率,分析结果凝聚了专家的知识、经验,调研结果真实、可靠。

(3) 理论分析

综合运用社会技术系统理论、前兆信息(Precursor)理论、模糊集理论、信号检测理论和案例推理(CBR)理论等对风险预测方法体系进行了深入的分析和讨论。

(4) 实证分析

在已构建的关于设备、环境及人的前兆信息体系的基础上,以一个火灾事故、两个列车碰撞事故为例,通过分解事故的原因,找出相应事故的前兆信息;运用信号检测理论中的两个基本指标:辨别力指标与反应倾向性指标来衡量工作人员对风险前兆的判别能力,并进行实证分析;为了验证案例推理方法在安全风险识别过程中的可行性和有效性,分析了三个事故案例,并进行案例相似度计算,计算结果表明了方法的实用性,同时以某地铁系统的运营情况为例进行实证研究;在分析贝叶斯网络的基础上,以某地铁系统的列车起火风险为例进行实证研究。

1.4.2 技术路线

综合上述的研究方法,本书研究的技术路线可以用图 1-5 表示。

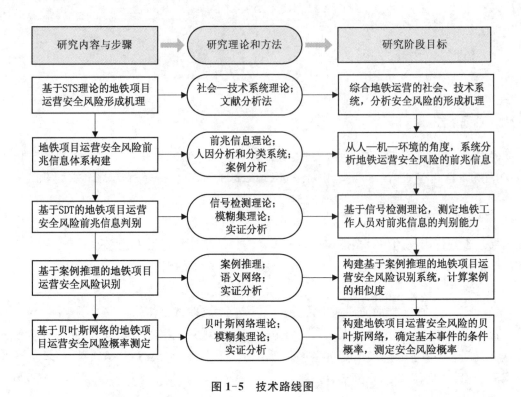

图 1-5 技术路线图

1.5 本章小结

本章通过详细的文献综述,分析了国内外安全风险研究的发展阶段:从简单的面向技术系统到考虑硬件、人以及组织的复杂系统,体现了安全风险研究的非单一性。由于全国性的地铁项目建设刚刚起步,国内对地铁项目运营安全风险的研究非常缺乏,而针对已有的理论研究,它们有以下贡献和不足之处:(1)主要集中在影响因素、安全管理措施以及关键设备的工作可靠性方面,缺乏对地铁项目运营安全风险预测方法的系统研究,尤其是对安全风险前兆信息的研究不够重视;(2)国内外学者对预测方法开展了很多研究工作,但在利用计算智能等技术探索预测模型的研究方面,基本处于起步阶段,采用的技术和解决的问题,还远远不能满足安全管理的需要。针对现有研究的不足之处,本章提出了本书的研究目标和主要研究内容,详细阐述了研究方法和技术路线。

第二章 基于 STS 理论的地铁项目运营安全风险形成机理

地铁项目运营安全风险的形成机理是指影响系统安全的各个因素之间如何相互作用而形成风险事件的整个过程。基于社会技术系统视角研究安全风险形成机理，就是要从技术系统与社会系统两条脉络上找出各类风险因素，分清层次并理清它们之间的相互关系。本章将运用社会技术系统中的 SoTeRiA(Socio-Technical Risk Analysis)模型，分析地铁项目运营安全风险的形成机理。

2.1 社会技术系统理论

2.1.1 社会技术系统理论概述

社会技术系统(Socio-Technical Systems，STS)的概念是 20 世纪 60 年代初，由英国 Tavistock 研究所通过对英国一家煤矿采煤现场的作业组织进行研究后提出的。从系统科学的观点来看，这类系统是由技术设施、人、组织三类元素构成，各元素相互作用并构成复杂的功能结构[89]。社会技术理论认为系统的活动效率与工作绩效是由系统内的社会分系统与技术分系统共同作用的结果，要提高组织绩效，必须同时集中于技术和社会两方面的变革，使它们相互之间达到最佳配合的一种有计划的组织变革方法[90]。

社会技术系统理论一直在不断发展且被应用到更多的领域。从 20 世纪 90 年代起，社会技术系统理论开始应用于生产安全事故风险控制问题研究，它主要是将保证生产安全作为工业系统所追求的绩效的一部分，分析如何通过技术控制、组织控制和社会控制的有机结合来控制生产过程中的事故风险[91]。因此，研究一个复杂系统的安全风险问题，必须要考虑与该技术系统运行、维护相关的整个环境，包括物理环境、社会经济环境以及管理监督环境[92]。而这个由相关组织人员运行和维护的技术系统则位于三个环境的相交之处，如图 2-1 所示。

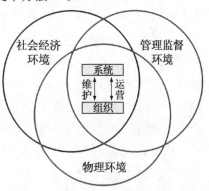

图 2-1 技术系统及其复杂环境

2.1.2 社会技术系统的失效机制

Cook 针对复杂系统的失效理论进行了综述[93]，指出目前学界大约有 8 种复杂系统失效理论，其中比较著名的有 Reason 理论和 Woods 理论。这些理论的研究主要从以下两个方面展开：

(1) 从事故预防的角度阐述系统失效的机理

典型的代表是 Reason 的纵深防御模型。虽然复杂系统中单独存在的一些主动失误因素（疏忽、违章、错误或不安全行为）及潜在失效因素（管理层的决策失误、程序及规章制度缺陷等）不足以导致全局性的系统失效，但这些因素在复杂系统的纵深防御层上会形成很多安全漏洞，一旦这些漏洞连成一条直线（也即这些因素的某种组合），同时触发某一不安全因素，则会击穿系统的纵深防御层，这样就会发生系统全局性失效。也就是说，系统失效主要是由于防御不力而导致的，减少或杜绝事故主要是通过消除防御层上的漏洞来进行的。

(2) 从事故的内容及形成过程角度阐述复杂系统的失效机制

现有的大多数事故成因理论基本上是从该角度来阐述的，如著名的 Heinrich 事故成因的多米诺骨牌理论（Domino theory）。近年来，学者在阐述复杂系统失效理论时也借鉴这种思路，如根据事故造成的后果反推事故成因论；复杂系统失效人误论（Human error），每次事故后的总结报告总是认为事故是可以预防的，但实际上是不可预防的，也就是说事故调查人具有后见之明偏见（Hindsight bias）；系统弹性论（The resilience of the system），也就说系统中可以自我实现安全（People make safety）；竞争需求冲突论（Conflicts of competing demands），系统的构成要素在系统运行过程中，有多个需求或请求需要得到满足，因此而产生了冲突，并由此导致系统失效；失误环型论（Cycle of error），组织对失误的反应是批评、惩罚或引入新的规章制度和技术，但这些介入措施又会增加新的复杂性，并引入新的系统失效。

基于以上理论，王以群等[94]指出，国家与安全协会、组织、个人、技术/设备系统等 4 个层级共同组成复杂社会技术系统中事故风险控制屏障。于广涛[95]、许正权[96]从安全文化等角度研究复杂社会技术系统的事故致因等。Rasmussen[97]研究认为应着眼于寻找危险源控制过程中控制组织和个人行为的敏感变量来分析当今动态社会中的事故致因，提出了包括政府部门、立法部门和协会、地方政府及组织、技术和作业管理、物理过程和操作者活动，以及装备和环境等 6 个风险管理层次的社会技术系统 AcciMap 事故致因分析模型。Leveson[98]研究认为，安全问题实际上就是系统的动态控制问题，他提出了 STAMP 系统理论事故致因模型，并给出了与 Rasmussen 相似的安全控制分层结构。

综上研究不难发现，许多学者都已充分认识到当今社会中安全风险控制的社会与技术交互性，并在分析事故致因时除了考虑技术因素外，更是考虑到了组织所在的社会环境因素，具有一定的理论基础。但是，就事故致因理论的内容来看，也存在一定的不足：①对社会技术系统的概念界定不是很清楚；②对社会技术因素的考察也不全面，各种致因的层次逻辑表达不充分；③缺乏对社会系统与技术系统在安全风险形成过程中的相互关系分析；④如何基于社会技术系统视角构建某个特定复杂系统安全风险形成机理并用于指导风险控制的实践,这方面的研究非常少[99]。

针对上述问题,本书将借鉴复杂社会技术系统安全风险分析模型,结合地铁系统的特点,系统研究各系统之间的层次与逻辑关系。

2.2 社会技术系统安全风险分析方法

2.2.1 技术系统的模型方法

技术系统的安全风险分析方法分为正式和非正式两类[100]。其中非正式的模型,如危险及可操作性研究 HAZOP[101]和 FMEA(Failure Mode & Effects Analysis),FMEA[102]是利用表格或描述性语言来分析系统行为。正式模型是利用逻辑结构来表现系统,包括故障树(Fault Tree,FT)、事件树(Event Tree,ET)以及事件序列图(Event Sequence Diagram,ESD)等。故障树方法是运用简单的逻辑关系(AND,OR 等)构建各类事件之间的影响图,它是在故障诊断和可靠性研究中运用最多的定性、定量方法[103]。事件树与决策树这两种方法都能用于复杂系统的安全风险分析,即给出一个起始事件,运用逻辑推理的方法识别出多种可能的结果。决策树中的起始事件一定是一类特殊事件,而风险结果将依赖于接下来的一系列决策。在风险分析的应用过程中,事件树的起始事件是一个组件或子系统的故障,接下来的事件将根据系统的特点来决定。ESD 主要分析哪些因素将成为一个危险源,或者说是风险的来源。它既可以用来定性分析危险源识别、风险情景(Risk scenarios),又可以定量计算该风险情景的发生概率[104]。ESD 方法是构建技术系统风险模型最有效的方法之一,主要通过出现的异常现象来描述系统的行为,而 ESD 中的各类事件则可以利用故障树方法来进行详细的分析,因此下面将详细介绍 ESD 方法。

2.2.1.1 事件序列图法

事件序列图方法(ESD)是一种对关联事件顺序进行描述的可视化图形方法,其在不同的领域有着不同的应用[105]。在核工业中,ESD 被用做档案管理工具,并进而用做事件树构造的定性辅助工具[106];Stutzke 等在文献[107]中还提出用 ESD 来提高操作人员对事故场景的理解,用于这些领域的 ESD 被称做是功能事件序列图。在化工工业及阶段任务研究中,ESD 被用做定量研究工具。ESD 可以被看做是事件树方法的推广,从这个意义上讲,其可以被看做是介于扩展事件树和动态事件树之间的所有模型的统称。

ESD 框架并没有一个标准的定义或表示形式。本书所讨论的 ESD 框架是在 NASA 的 Cassini 空间计划中使用的 ESD 框架的基础上建立起来的。NASA 的 Cassini 空间计划也是最早使用 ESD 框架来进行安全风险分析研究的。

ESD 由$\{E, C, G, P, CB, DR\}$六元组来定义。E 代表事件,所有可观测的物理现象都可以表示为事件;C 代表条件,根据条件是否满足,系统的风险情景将向着不同的方向发展;

G代表门,门可以分为与门和或门,它们是用来对单个输入多个输出、或者多个输入单个输出的情况进行建模的;P代表过程变量,由时间和物理过程变量组成;CB代表限制,是指一个事件或过程参数区间集,通过与多个事件序列发生时间的关联,用于模拟各事件序列竞争发生的情况;DR代表关联规则,用于描述事件和过程参数及其相互之间各种交互作用的关系,是ESD动态模拟能力的重要特性,包括过程依赖规则和随机依赖规则。事件、条件、门都有对应的图形符号。另外,文献[108]介绍了ESD的建模过程,文献[109]对ESD框架的数学模型进行了详细介绍。

为了描述事件序列图的本质,可以参考图2-2,该图直观表现了地铁项目运营安全的内容。图2-2中的阴影部分表示地铁正常运行,而"A"点出现的事件(如设备故障)导致地铁的运行偏离了正常的安全区域,出现了不希望出现的状态("B"点)。这时候,如果出现响应事件(如司机采取紧急措施),并且该事件成功完成,那么系统可回归安全区域("C"点),否则将会发生事故("F"点)。因此,从"A"点到"C"点或者从"A"点到"F"点的事件序列就是两个简单的"情景",这些情景展示了风险的潜在危险源。

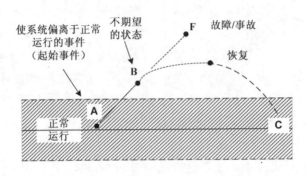

图2-2 安全分析中的事件序列图

ESD方法是一种面向场景的模拟方法,通常以事件作为其基本研究对象,这样往往会导致与系统的结构关联不足的问题,即ESD模型一般不能直接反映系统部件的状态。对于简单系统,可以将系统部件的每种状态定义为ESD事件;但对于大型复杂系统而言,要实现这种一对一的映射十分困难,一方面是系统及其部件的状态难以准确定义,另一方面会导致ESD模型的规模难以控制。为了分析大型复杂系统的安全风险,有必要在ESD方法的基础上寻找新的技术途径。

2.2.1.2 层次化ESD模型

层次化是一条可行的技术途径。遵循复杂系统在构成上的层次原理,首先可以以系统的功能子系统为最小单位,将功能子系统的每种状态定义为ESD事件,建立复杂系统功能子系统级别的ESD模型。功能子系统级别的ESD模型能够反映功能子系统的状态,并直接准确地给出系统设计中功能子系统级的隐患。在确立了ESD模型之后,可以对其中的功能子系统进行进一步研究,并将某个功能子系统各个装置的每种状态定义为ESD事件,建立该功能子系统装置级别的ESD模型。装置级别的ESD模型能够反映各装置的状态,并直接准确地给出系统设计中装置级的隐患。根据系统的复杂程度,同样可以依次得出复杂系统单机级、组合件级、部件级以及原件级等各个层次的 ESD 模型,并从该模型中直接反映出系统元件的状态。

(1) SADT 模型。SADT 就是在 ESD 的基础上发展而来的过程模型,主要面向系统的组织过程,用于对决策活动进行建模。Hale 等曾运用该技术对一个安全管理系统进行建模[110]。它与某些过程模型技术,如流程图(Flow chart),状态图表(State chart diagram),事件驱动过程链(Event driven process)[100],集成定义方法(Integrated definition methodology)[111],以及结构分析和设计技术(Structured Analysis and Design Technique, SADT)[112-113]的不同在于,可以进行量化分析。

(2) ESD/FT 方法。结合故障树的 ESD 方法(ESD/FT 方法)[114]是一种非常有效的动态概率风险分析方法。在这个方法中,可以用故障树对 ESD 中的各个事件进一步建模。这种以 ESD 中的事件为顶事件的故障树称之为内部故障树。通过内部故障树,可以将 ESD 中的事件进一步分解,从而建立起 ESD 模型与系统构件的关联。

2.2.2 社会系统的致因模型方法

基于回归分析的致因模型技术广泛用于社会科学。在过去的 20 多年,致因模型在组织心理学中非常流行[115]。一般来说,致因模型用于区分"真实的统计因果关系"和"伪相关"[116]。这个过程包括定义一组变量及相互间的关系,然后同步测试所有的关系。主要方法有"路径分析""结构方程模型"等[117],这些方法之间有差异,但潜在的逻辑都是利用实际数据计算变量间的协方差,并将结果与预期的协方差进行比较。

在路径分析中,构成致因关系的变量属于需测定变量(如图 2-3 中的 A,B,C,D)。相反,在结构方程模型中,有两种变量:需测定变量和结构变量(如图 2-4)。结构变量是潜在的变量,并不能直接测得,但可以通过大量已知变量进行估计。结构方程模型(Structural Equation Modeling,SEM)是一种融合了因素分析和路径分析的多元统计技术。它的强势在于对多变量间交互关系的定量研究,目前,SEM 已大量应用于社会科学及行为科学。

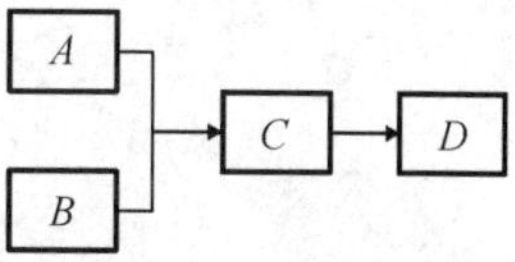

图 2-3 简单的路径模型

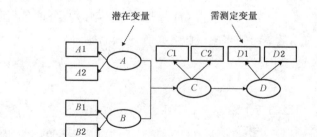

图 2-4 结构方程模型中的潜在变量及需测定变量

2.2.3 社会技术系统的模型方法

从社会技术系统的角度来看,虽然目前已提出了大量的事故致因理论,然而针对一个特定的复杂系统的安全风险来说,目前国内的很多研究都侧重于对技术系统的分析,而忽略了对整个系统的全面考虑,同时也缺乏相应的安全风险分析方法。

在社会技术系统理论的基础上,Wang结合事件序列图、故障树、网络技术构建了一个集成化的风险分析模型,并称之为混合致因逻辑模型(Hybrid Causal Logic Model)[92]。该风险分析框架运用多层次的构建方法,对不同的系统采用不同的模型技术。

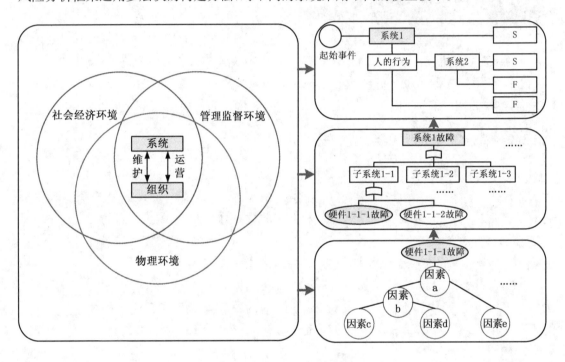

图 2-5 混合致因逻辑模型

从图 2-5 可看出,该模型框架主要包括以下几个层次:

(1) 定义安全内容的模型。主要运用事件序列图的方法来定义系统面临的各类事件。

(2) 各物理系统(硬件、软件、环境因素)的表现行为模型。在事件序列图的基础上,从各个物理系统的角度,运用故障树技术来分析各事件产生的原因。

(3) 人因、组织因素的致因模型。通过对系统故障根本原因的挖掘,运用网络技术构建各影响因素之间的关系。

同时,Ahmadabadi 在他的博士论文中提出了一个复杂系统安全风险分析的模型框架,并将其命名为"社会技术风险分析"(Socio-Technical Risk Analysis,SoTeRiA)[118]。该模型克服了已有理论的局限,不仅运用逻辑技术表现技术系统的风险过程,同时还融入了群组、个人行为的相关因素,系统展现了安全风险的形成过程。

图 2-6 浓缩了该方法的致因框架，描述了整个系统的影响过程：从技术系统风险模型（图中顶部的情景过程）到最终的组织性的根本原因（图中底层部分）。其中，ESD 图表达了只要给出"起始事件"，就可以生成所有可能的风险情景，而每个风险情景又可以分解为各个过程。在过程事件中，"系统 1"的状态及"人的行为"的决策决定了该风险情景的结果是否危险。另外，风险情景的系统事件可利用故障树来表示，并将故障树最顶部的事件插入 ESD 图中。

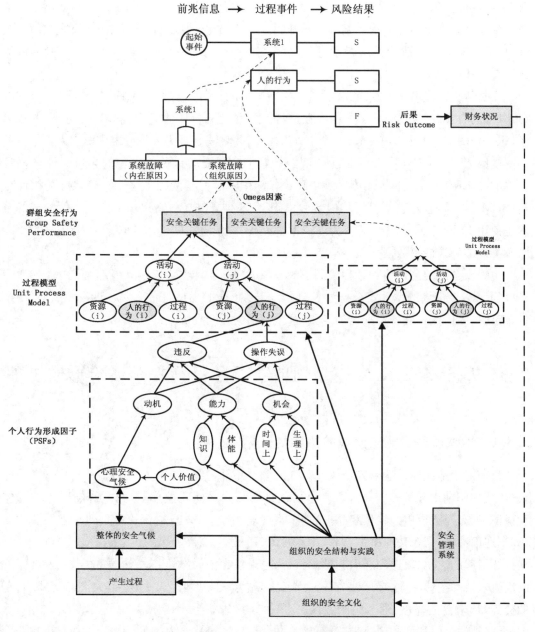

图 2-6 SoTeRiA 的概念图

对技术系统具有直接影响的群组或个人行为,称之为安全关键任务(Safety Critical Tasks,SCTs)。如维护工作就是一个安全关键任务,因为它会直接影响到硬件的故障。一般来说,安全关键任务既可以明确表示为一个事件,也可以用模型参数来表示,如设备故障率。安全关键任务可以找出影响安全最相关的活动。

单元过程模型(如维护单元,运行单元)包括影响安全关键任务的直接活动,由资源、人的因素和过程组成。组织安全行为是指支撑资源、工具、人的行为的所有组织活动,可以将其分为四部分:①资源相关的活动;②过程相关的活动;③与人相关的活动;④一般活动。前三个活动都是在第四个活动的基础上展开的。一般活动包括设计、应用、内部审查和内部改变,内部审查和内部改变是组织学习的过程,这四个一般的活动的根源来自于控制领域的PDCA循环。

人员行为形成因子是指对人的认识、判断、行动过程中产生不利影响的物理的、精神的(或外部的、内部的)因素[119]。Swain 在进行人可靠性分析的研究中,提出了人行为形成因子(Performance Shaping Factors,PSFs)的概念,并将其定义为人机系统中影响人正常作业的一些因素[49]。PSFs 在人可靠性分析中有着十分重要的地位。常用的人可靠性分析技术,如 THERP[120]、人的认知可靠性(HCR)[121]和成功可能性指数法——多状态适用性分析(SLM-MAUO)方法[122]都利用 PSFs 来确定人的失误概率;新出现的定量决策失误的技术也使用 PSFs 来修正人的基本失误概率。此外一些数据库,如 NUCLARP 也使用 PSFs 来归类人的失误概率数据[123]。

组织安全活动会影响到过程模型中的资源、过程,同样也会影响到内部人员行为形成因子(PSFs)以及最终的个人安全行为。它会影响到个人的动机,例如高质量的训练和工作条件,能让员工信任管理者对安全的承诺,这个信任会影响到员工的动机。

2.3　基于 SoTeRiA 模型的地铁项目运营安全风险形成机理

2.3.1　地铁项目运营安全风险事件的分类

目前对于地铁项目运营安全风险事件的分类还并不统一。英国伦敦地铁公司曾在研究报告[124]中归纳出几类安全风险事件:电弧、列车与物之间碰撞(列车与露天轨道上的物体相碰撞、列车与隧道内的物体相碰撞、列车与终端相撞、列车与站台相撞)、列车之间的碰撞(列车迎面冲撞、列车快速碰撞、列车中速碰撞、列车慢速碰撞、多列车之间的碰撞)、出轨(结构损坏引起的出轨、轨道问题引起的出轨、信号设备相关的出轨、车辆相关的出轨、速度相关的出轨)、自动扶梯起火、爆炸、水灾、电梯起火、站台火灾、列车火灾、隧道火灾、站台和列车的交界(从站台上摔落、列车门的错误打开、列车撞击站台上的乘客、在列车和站台之间摔倒、乘客被站台门和列车门所夹、列车沿着站台拖拽乘客)、电力故障(列车设备的电力故障、站台的电力故障)、站台区的事故(拥挤、自动扶梯上摔倒、楼梯上摔倒、电梯受困、自动扶梯踏板的损坏以及路面上的滑倒、绊倒和摔倒)、结构损坏及通风问题。

另外,赵惠祥[2]通过对上海和广州地铁的调研情况及有关城市地铁的参考资料,归纳了地铁项目运营阶段的安全风险事件类别为:碰撞、脱轨、触电、爆炸、火灾、烧伤/烫伤、窒息、热疲倦、机械伤害、刺伤、摔伤/扭伤,并列出每一个类别下的风险事件清单。

为了明确安全风险的形成机理,必须对安全风险事件进行合理的分类。英国铁路安全风险研究已日趋成熟,英国铁路安全标准委员会(Rail Safety and Standards Board,RSSB)在其研究的安全风险模型(Safety Risk Model,SRM)中,分析了由铁路总督察(Her Majesty's Rail Inspectorate,HMRI)定义的120个风险事件,并将其分成了三类。参考铁路事故的分类方法,本书将地铁项目运营安全风险事件也分为三类:车辆事故(Train accident)、运行事故(Movement accidents)和非运行事故(Non-movement accidents),结合前面列举的风险事件,可列出表2-1所示的分类系统。

表2-1 地铁项目运营安全风险事件的分类

车辆事故(Train accident)	运行事故(Movement accidents)	非运行事故(Non-movement accidents)
HET1 列车与列车的碰撞(非站台) HET2 列车与列车在站台的碰撞 HET3 列车与轨道上的物体产生的碰撞(未导致脱轨) HET4 列车与大型物体碰撞并造成列车的结构损坏 HET5 列车脱轨(非站台) HET6 列车进站时的脱轨 HET7 列车起火 HET8 列车在站台起火 HET9 列车因外部结构倒塌或大型物体而受损 HET10 列车爆炸	HET1 乘客被安全门夹住 HET2 乘客从站台上掉入轨道,并受到列车撞击 HET3 乘客上下车拥挤受伤 HET4 地铁维修人员受列车撞击	HET1 轨道沿线起火(线路、人因等) HET2 站台内起火(线路、人因等) HET3 轨道沿线爆炸(设备、人因等) HET4 站内爆炸(设备、人因等) HET5 乘客触电 HET6 乘客在自动扶梯上摔伤 HET7 乘客从站台上掉入轨道(列车未出现) HET8 乘客滑倒、绊倒和跌倒 HET9 乘客从天桥上跌落 HET10 乘客在站内拥挤受伤 HET11 地铁工作人员工伤(摔倒、触电、物体打击等)

2.3.2 两列车碰撞风险形成机理

王二平曾定义那些技术密集和资金密集、积聚能量巨大的工业组织称之为复杂社会技术系统(Complex socio-technical systems),如核电、航天航空、化工和石油化工等。从复杂系统的特征来看,地铁系统必然是一个复杂的社会技术系统,涉及大量职能各异的人员和专业门类;大量的工种以及分布在大跨度空间里的各种设施、仪器和设备等;以及管理、控制上述各类资源的人文、社会、经济、技术、管理组织和软硬件体系。因此地铁项目运营安全不仅取决于设备技术水平和状态,还取决于运营系统各个环节、各类人员、管理水平和生理、心理、物理状态,广阔空域内的千变万化的气象条件和各种紧急情况的协同作用。正如墨菲定律所言,总会有某个环节有出错的可能,总会有某个差错有最终导致事故的可能,这种事情一定会发生。

在研究地铁项目运营安全风险形成机理的过程中,不同的风险类型其形成机理必然不同。因此,安全风险事件的分类是研究风险形成机理的基础。以两列车碰撞风险为例,利用已构建的SoTeRiA模型分析碰撞风险的形成机理。在分析过程中,主要从技术系统的风险模型、维护过程模型及人员行为形成因子这三个角度来重点分析。

2.3.2.1 技术系统的风险模型

技术系统的模型主要由事件序列图及故障树组成。从大量的碰撞事故的原因可看出，与该风险最相关的技术系统是"信号系统"，而最相关的社会系统是"司机的决策"，因此事件序列图中的过程事件是"信号系统故障"，人的行为是"司机未及时刹车"。针对信号系统的故障，一般可用故障树来表示具体的原因，如图2-7所示。

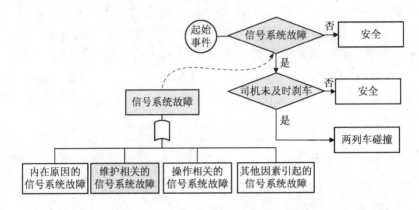

图 2-7 两列车碰撞相关的技术系统风险图

2.3.2.2 维护单元及司机操作过程模型

在地铁项目运营过程中，"维护工作"是影响"信号系统"的安全关键任务，因此信号系统一般都需要按照生产厂家的说明来定期维护。根据维护工作承担主体划分，地铁维护模式主要有运营单位独立维护、运营单位与维护商联合维护、完全委托维护商三种。在日常维护及定期维护的活动中，可分别从资源（维护工具的状态）、程序（维护手册的情况）及人的行为（维护人员的行为）这三个方面建立相应的维护过程模型，如图2-8所示；同时，针对影响碰撞风险最大的因素"司机的操作"，主要从司机的行为、制动装置的状态及制动手册的情况来建立司机操作过程模型，如图2-9所示。

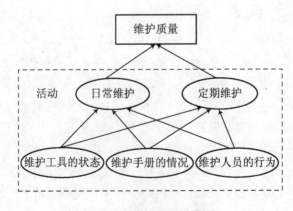

图 2-8 维护过程模型图

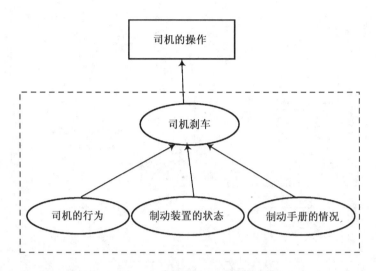

图 2-9　司机操作过程模型图

2.3.2.3　人员行为形成因子（PSFs）

简化版本的人员行为形成因子包括"动机"、"能力"、"时机"、心理安全气候及个人价值。心理安全气候反映的是个人对目前系统安全情况的看法，正如前面所解释的，心理安全气候将直接影响个人的动机。能力包括知识和体能，而时机则体现在物理方面（如工作环境）和时间方面（如时间压力）。针对信号系统维护过程中涉及的维护人员的行为及信号系统运行过程中司机的行为，可构建出相应的人员可靠性模型，如图 2-10 所示。

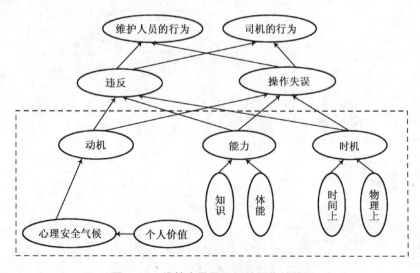

图 2-10　维护人员及司机的可靠性模型

通过对技术系统的风险模型、维护过程模型及人员行为形成因子的分析，利用 SoTeRiA 模型可构建出两列车碰撞风险的形成机理图，如图 2-11 所示。

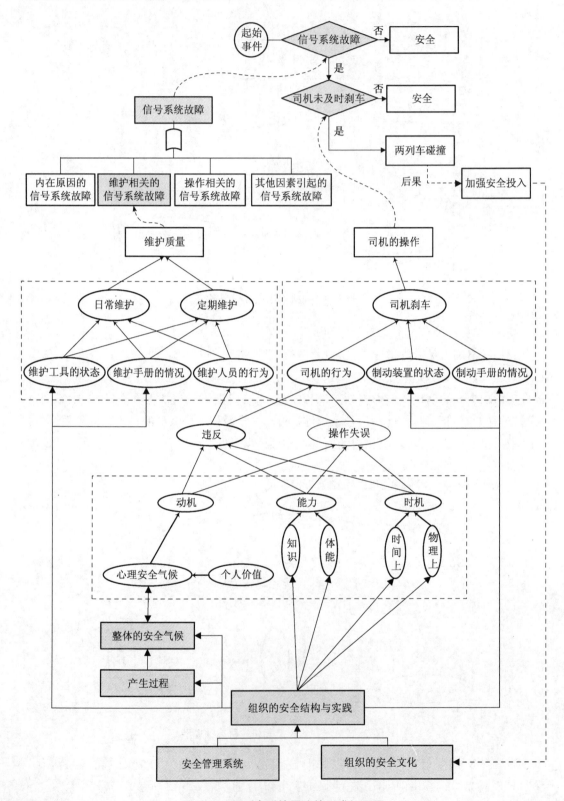

图 2-11 两列车碰撞风险的形成机理图

2.4 本章小结

基于社会技术系统视角研究安全风险形成机理,就是要从技术系统与社会系统两条脉络上找出各类风险因素,分清层次并理清它们之间的相互关系。本章首先阐述了社会技术系统理论的内容,认为研究一个复杂系统的安全风险问题,必须要考虑与该技术系统运行、维护相关的整个环境,包括物理环境、社会经济环境以及管理监督环境。在此基础上,从事故成因的角度阐述了社会技术系统的失效机制,指出其中的不足。

其次,全面分析了技术系统、社会系统各自的安全风险分析方法:事件树、故障树及贝叶斯网络,以及综合这些方法而形成的"社会技术风险分析"(Socio-Technical Risk Analysis,SoTeRiA)模型。

最后,在地铁项目运营安全风险事件分类的基础上,对如何运用 SoTeRiA 模型详细分析两列车碰撞风险的形成机理进行了示范分析,以技术系统的风险模型、维护过程模型及人员行为形成因子这三个方面来重点分析。

结果表明,利用社会技术系统理论分析地铁项目运营安全风险形成机理,具有很强的理论性和指导性;利用 SoTeRiA 模型能够具体分析每一类风险事件的产生过程,找出各类风险因素,分清层次并理清它们之间的相互关系,对提高地铁项目运营阶段的安全绩效具有重要作用。

第三章　地铁项目运营安全风险前兆信息体系构建

研究安全风险的前兆信息(Precursor)是识别风险、测定风险概率的有效途径。近年来,美国国家科学院已经开始将研究视角放到了可能导致安全风险事件发生的前兆信息上,如不良外界条件、微小故障、序列事件,聚集了大批风险专家、工程师、医生和来自不同行业的政策制定者。该项研究表明许多机构组织已经试图开始识别安全风险事件的前兆信息,并且期望从前兆信息中获取益处[125]。本章将从人—机—环境的角度系统分析地铁项目运营安全风险的前兆信息。

3.1　前兆信息的理论研究

3.1.1　前兆信息的基本概念

目前对于前兆信息(Precursor)并没有统一的定义,它可以以各种不同的方式进行定义。为了从更加广泛的角度进行讨论,Phismister 和 Bier 将"前兆信息"从广义的角度定义为:可以导致事故发生的状态、事件和操作程序[125]。在这个定义的基础上,前兆信息可以看做是风险事件的构成"砖块",它包括内部事件(如设备失误和人员失误)和外部事件(如地震等)对组织的影响程度。Bier 和 Yi 提出前兆信息是介于实际事故和在日常经常发生的各种次要失误之间的中间严重程度的事件,如系统的不安全状态[126]。Grabowski 认为凡是可能导致事故发生的条件、微小事故以及序列均为前兆[127]。Peter 等学者提出了对于组织重复发生事故的思考,指出事故再发的同时,"失常状态"比事故再次发生具有更高的频率。他们将这种"失常状态"定义为事故再发的前兆信息[128]。除此,一些组织则采用了前兆信息的狭义解释,他们把前兆信息看做是超过特定安全底线的事件,在这种情况下,前兆信息可以被定义成一个或多个安全系统的完全失败,或者是两个或多个安全系统的部分失败[129-130]。

3.1.2　前兆信息的重要性

Grabowski 等学者认为在事故发生前识别出前兆信息对于提高安全性具有极大的潜

力[127]。Phimister等学者认为,在灾难之后通常会寻找到一些在事故前被识别和管理的前馈指标和错误信号,这些指标和信号都有可能避免这些事故的发生[130]。Suraji等学者也指出,对前兆信息的管理可以带来很多的好处:首先,通过管理和分析这些事故的前兆信息可以揭示出特定系统或技术的问题所在以及事故发展的过程;其次,由于前兆信息的发生往往要比事故数量多得多,因此分析前兆信息能够有效地找到系统安全的发展趋势或者对其进行有效监测(例如,事故"未遂事件报告系统"能够提高安全系统的性能,并能有效降低事故发生的可能性)[131]。

Bird和Germain认为事故前兆信息的数据要比事故数据丰富得多,可以通过分析事故前兆信息的数据来降低事故发生的不确定性,在此基础上,他提出将未遂事件(Near-miss)作为一种事故前兆信息,通过分析未遂事件以提高安全状态[132]。他认为在一个给定的情景下,未遂事件的发生频率比事故发生频率要高得多,通过分析未遂事件可以预防事故发生,这一观点也被其他的学者所认同,这其中的例子包括:哥伦比亚号航天飞机[133]、挑战者航天飞机[134]、三哩岛[135]、协和飞机坠毁事件[130]、伦敦的帕丁顿火车相撞事件[136],以及莫顿盐业化工厂爆炸事件[137],这些重大事故发生前都出现了未遂事件。Bier和Yi同时提出,事故前兆信息或未遂事件对于估算事故的发生概率是非常有帮助的,尤其是当安全事故数据非常少时,同时总结了几种基于事故前兆信息进行事故预测的方法,通过统计分析比较指出了最适合在实际中进行应用的方法[126]。

更重要的是,前兆信息可以从实时角度衡量安全风险,在事故发生之前认识到前兆信息能够为提高安全绩效和避免事故提供一种可能性,在许多领域已经开展了相关研究并应用到实际中。美国核管理委员会(U. S. Nuclear Regulatory Commission)早在十几年前就开发了一套"事故前兆信息体系"(Accident Sequence Precursors Program);美国国家航天航空局(National Aeronautics and Space Administration)同样也在数十年前建立了航空安全报告系统(Aviation Safety Reporting System);2003年美国国家工程项目办公室(National Academy of Engineering Program Office)采用了"事故前兆信息工程"(Accident Precursors Project)对复杂事故问题的前兆信息进行分析和管理。此外,事故前兆信息也在铁路、核电站、健康安全中心、财务公司以及银行系统中得到了广泛的应用[129]。英国铁路安全标准委员会(Rail Safety and Standards Board, RSSB)在其研究的安全风险模型(Safety Risk Model, SRM)中,分析了由铁路总督察(Her Majesty's Rail Inspectorate, HMRI)定义的120个风险事件及其相关的800个前兆信息[138]。

在由美国国家科学院(National Academy of Sciences)出版的《事故前兆信息分析与管理》一书中也指出控制事故前兆信息的重要性,并指出如果在事故发生前能够将事故前兆信息进行有效的"拦截",将大大降低安全事故的发生。

3.2 基于人—机—环境的地铁项目运营安全风险前兆信息体系构建

在地铁系统中,利用前兆信息分析安全风险还是一个崭新的方向。CoMET 和 Nova 在 2003 年决定联合全球 17 个地铁运营公司参与监测前兆信息及风险事件,并在 2004 年的集体讨论会上确定监测 27 个前兆信息及 14 个风险事件[139](见表 3-1)。其中 14 个风险事件是根据不同的危险源来划分的,而 27 个前兆信息主要针对出轨和碰撞风险。从 2002—2008 年的监测结果来看,Kyriakidis 将这 27 个前兆信息主要归为 6 类:人的行为、技术故障、乘客、火灾、恶意行为及管理行为[140]。

表 3-1 CoMET 和 Nova 监测的 27 个前兆信息

No	前兆	No	前兆
1	手工(退化的)操作	15	肆意破坏公物的行为
2	侥幸安全闯过红绿灯	16	轨道上有大量物体
3	信号故障	17	超出限速
4	站台上的人被列车门夹住	18	排烟风机故障
5	列车撞人	19	在列车上吸烟
6	在车辆和站台之间摔倒	20	在站台上吸烟
7	落入轨道(没有列车出现)	21	在轨道上吸烟
8	非法进入	22	电弧放电
9	拥挤	23	破坏的或开裂的铁轨/其他的铁轨瑕疵
10	不小心或酒醉后从自动扶梯上摔倒	24	丧失刹车功能
11	由于行李重从自动扶梯上摔倒	25	站台全部封闭
12	其他原因导致从自动扶梯上摔倒	26	站台通道封闭
13	在楼梯上摔倒	27	站台照明破坏
14	乘客携带危险或易燃品		

从上述研究可看出,前兆信息的分析是研究地铁项目运营安全风险的重要前提。Weick 和 Sutcliffe 认为"事故前兆信息"的建立能够鼓励组织间进行有效持续的沟通,从而可以提高其安全意识,并且增强其对潜在风险和安全风险的讨论意愿[141]。Grabowski 等学者同样认为在事故发生前识别出安全事故前兆信息对于提高安全性具有极大的潜力,因此系统分析地铁项目运营安全风险的前兆信息显得尤为重要。吴伟巍在他的博士论文中提出了一个分析前兆信息的逻辑路线,其思路是从人—机—环境三个方面来分析可能的前兆信息[142](图 3-1)。

第三章 地铁项目运营安全风险前兆信息体系构建

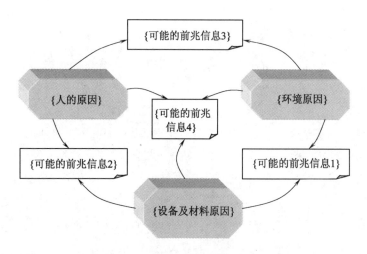

图 3-1 一个安全事故记录中可能的前兆信息来源

3.2.1 设备相关的前兆信息分析

一般来说，与地铁系统硬件设备相关的前兆信息主要体现为各个部件的故障及损坏，可以将技术系统进行多层次的分解，获得硬件设备相关的前兆信息。以地铁硬件设施中的信号设备/列车自动控制系统为例，按照层次结构的形式，可细分为 5 个层次，如表 3-2 所示。

表 3-2 地铁信号设备/列车自动控制系统的前兆信息

（b）地铁的硬件设施故障	（b-7）信号设备/列车自动控制系统（Automatic Train Control, ATC）	（b-7-1）列车自动保护系统（Automatic Train Protection, ATP）	（b-7-1-1）轨旁 ATP 子系统	（b-7-1-1-1）轨旁 ATP 子系统故障
				（b-7-1-1-2）轨旁 ATP 子系统缺失
			（b-7-1-2）车载 ATP 子系统	（b-7-1-2-1）车载 ATP 子系统故障
				（b-7-1-2-2）车载 ATP 子系统缺失
		（b-7-2）列车自动运行系统（Automatic Train Operation, ATO）	（b-7-2-1）轨旁 ATO 子系统	（b-7-2-1-1）轨旁 ATO 子系统故障
				（b-7-2-1-2）轨旁 ATO 子系统缺失
			（b-7-2-2）车载 ATO 子系统	（b-7-2-2-1）车载 ATO 子系统故障
				（b-7-2-2-2）车载 ATO 子系统缺失
		（b-7-3）列车自动监控系统（Automatic Train Supervision, ATS）	（b-7-3-1）控制中心 ATS 子系统	（b-7-3-1-1）控制中心 ATS 子系统故障
				（b-7-3-1-2）控制中心 ATS 子系统缺失
			（b-7-3-2）轨旁 ATS 子系统	（b-7-3-2-1）轨旁 ATS 子系统故障
				（b-7-3-2-2）轨旁 ATS 子系统缺失
			（b-7-3-3）车载 ATS 子系统	（b-7-3-3-1）车载 ATS 子系统故障
				（b-7-3-3-2）车载 ATS 子系统缺失

33

3.2.2 环境相关的前兆信息分析

对于环境相关的前兆信息可以从环境因素的角度进行分析。王洪德、潘科、姜福东基于危险源识别原理,采用层次分析法对影响地铁项目运营安全的危险因素进行分析,从物质、能量、环境等方面考虑,其中环境因素包括温度、湿度、辐射、气候环境等[143]。刘艳、汪彤、吴宗之认为乘客的不安全行为是导致地铁项目运营事故不可忽视的外部因素,主要包括乘客侵入界限、乘客携带禁带品乘车和乘客在站内吸烟[144]。曾险峰认为地铁事故的主要因素一般来说是人、设备及社会灾害。地铁车站及地铁列车是人流密集的公众聚集场所,一旦发生爆炸、毒气、火灾等突发事件,造成群死群伤或重大损失,严重影响了社会秩序的稳定。同时,他还指出由于乘客素质对地铁安全有很大的影响,应加强对市民的地铁安全乘车意识的教育,减少由于乘客失误而产生的地铁项目运营事故[145]。

综合学者们的研究,环境方面的前兆信息可以从自然环境和社会环境这两个角度来进行分析(如表3-3),其中自然环境包括:天气情况(温度、湿度、辐射和气候情况)及地质情况(地质恶劣);社会环境包括:乘客安全意识方面(乘客侵入界限、乘客携带禁带品乘车和乘客在站内吸烟)、客流量大及恐怖袭击(恐怖分子携带易燃易爆品、恐怖分子携带有毒气体)。

表3-3 地铁项目环境相关的前兆信息

(c)环境影响	(c-1)自然环境	(c-1-1)天气情况	(c-1-1-1)温度过高/过低
			(c-1-1-2)湿度过高/过低
			(c-1-1-3)辐射过高/过低
			(c-1-1-4)降水过多/过少
			(c-1-1-5)风速过高/过低
		(c-1-2)地质情况	(c-1-2-1)地质恶劣
	(c-2)社会环境	(c-2-1)乘客的安全意识	(c-2-1-1)乘客侵入界限
			(c-2-1-2)乘客携带易燃易爆品
			(c-2-1-3)乘客在站内吸烟
			(c-2-1-4)乘客拥挤
			(c-2-1-5)乘客恶意行为
		(c-2-2)交通流量	(c-2-2-1)客流量大
		(c-2-3)恐怖袭击	(c-2-3-1)恐怖分子携带易燃易爆品
			(c-2-3-2)恐怖分子携带有毒气体

3.2.3 基于HFACS的人员相关前兆信息分析

与设备、环境子系统中客观存在的前兆信息相比,分析人员操作失误或管理失误相关的前兆信息是比较复杂的。

事故致因理论认为人的不安全行为是导致事故发生的主要原因,很多学者对危险行业的事故原因中人的因素做了研究。建筑行业是一个复杂、危险性高的行业,事故频繁发生。谢新强认为引起建筑安全事故的主要原因有一线操作人员安全技术差、安全意识不强;此外缺乏建筑工地安全环境文化,不仅对作业者心理产生影响,而且是诱发事故的一个重要因素[146]。翟家常在硕士论文[147]中指出安全管理人员水平较低,专业水平差;安全教育落实不到位,流于形式;特种作业人员无证上岗现象较多等原因是造成建设工程安全事故的主要原因。另外,飞机飞行安全、核电站的安全也是很多学者研究的对象。程道来、杨琳、仪垂杰对飞机飞行事故的各种人为错误因素进行详细剖析,分为不安全行为、不安全行为前提条件、不安全监督、组织管理。其中不安全行为包括错误行为和违规行为。引起不安全行为的前提条件主要为:不合格驾驶员(精神状态差、生理状态差、精神生理超限)和缺乏经验的驾驶员(人员管理混乱、缺乏充分准备)[148]。张力把诱发核电站运行人员失误的主要原因归结为几个方面:运行人员个体的原因,如疲劳、不适应、注意力分散、工作意欲低、记忆混乱、期望、固执、心理压力、生物节律影响、技术不熟练、推理判断能力低下、知识不足;设计上的原因;作业上的原因;运行程序上的原因;教育培训上的原因。而诱发运行人员失误的最主要、最根本的因素就是人的内在因素[149]。曾铁梅、侯建国在分析了国内外发生的地铁项目运营事故的基础上提出,人的风险因素有:技术知识的缺失和生疏,意外事故发生时操作不当甚至失误等[150]。

在人因失误原理方面,孙斌等基于行为科学原理对人因失误的机理、影响人因失误的因素、人的行为的模型和失误的模型及人的可靠性进行分析,把人的因素分为:内部感觉、工作经验、心理背景、生理状态、技术水平和安全素质[151]。耿晓伟等提出人之所以出现行为失误主要是由于人的心理、生理、管理决策、社会环境以及人机界面设计不协调等多方面原因所造成的[152]。黄曙东将失误的原因概括为几大方面:职业适应性因素、知识与技能因素、工作负荷因素、组织管理因素、人机界面设计等[153]。Abdelhamid & Everett 在他们的人因分析模型中提出,人的错误行为是发生事故的主要原因,但人的错误行为不能仅仅归结于人本身的不安全特性。工作场所的设计、工作任务的安排没有考虑到人的生理和心理局限性等原因都可能引起人的错误行为。刘轶松[154]认为人的不安全行为产生的原因分为有意和无意,有意的不安全行为虽然属于明知故犯的行为,但是依然存在着心理因素、管理因素和环境因素方面的原因。而无意的不安全行为产生的原因从内部分析有心理、生理、技术水平等方面;从外部原因上讲有管理原因、教育原因、环境原因、社会原因等。Hinze 表明,事故的危险是由工人生理上或心理上的分心造成的,他的这个理论被称为分心理论。在他的研究中,他将事故归因于工人由于工作压力或者其他压力,没有注意到危险,从而增加了事故发生的可能性。

心理因素已经成为人因失误分析的一个重要的分析部分,不良的心理因素对安全事故有着负面的影响。杨志峰指出人的行为是由人的心理状态支配,而影响企业职工心理安全的因素有:自身因素(身体疾病、人际关系、工作压力、个性类型)、企业因素(领导的德行、工作环境、安全教育)、家庭因素(家庭变故、家庭关系、缺乏家庭)、社会因素(大众传媒、激烈的竞争、社会风气)等[155]。李宪杰提出了六种可能的心理因素引起安全事故：重生产、轻安全心理；麻痹心理；冒险与侥幸心理；急切心理；懒惰心理；逆反心理。上述心理的产生，一是因为缺乏相关的知识和经验，因而产生错误的意识和行为；二是由于过度疲劳、注意力不集中，造成反应迟钝；三是由于任务繁重，时间紧迫，产生急躁情绪；四是因为个人的性格特征和心理素质不够健全[156]。周伟提出人的心理因素往往是造成事故的主要原因，消极的心理状态是引起人为差错而导致事故发生的重要原因。此外，人的心理状态有下列几种：心理因素(侥幸心理、冒险行为、思想麻痹)；情绪状态(心境、激情、应激)；心理挫折；注意因素；生活事件和生物节律对人的影响等[157]。

在对人的失误模型进行综述的过程中，发现人因分析和分类系统(Human Factors Analysis and Classification System, HFACS)采用系统的方法，充分研究了人的不安全行为和影响人的不安全行为的潜在因素。

3.2.3.1 人因分析和分类系统(HFACS)

HFACS是一种以Reason的通用失误模型为基础，由美国海军陆战队所开发的事故调查和数据分析工具。HFACS描述了人员失误四个层次的缺陷：操作人员不安全行为、操作人员不安全行为的前提、不安全监管及组织影响。Wiegmann和Shappell又识别了每个层次的二级因素以及三级因素。

(1) 操作人员不安全行为。操作人员的不安全行为是指导致事故的操作人员的失误，以往多数的事故调查都针对该层面，而没有研究其他的影响因素。操作人员的不安全行为可被分为两类：失误和违规。两者在多数情况下是相同的，但是涉及组织的规则和规程时，两者有明显的区别。失误是不违反组织规则和规程的行为，但是却没有达到预定的目的，而违规是指有意地无视规则和规程的行为。HFACS中有三种类型的失误（决策失误、技能型失误和知觉失误)和两种类型的违规(例行的和异常的)。

决策失误是指按照规定的要求实施的有意识的、有目的性的行为，但是这些行为不充分或者与实际情况不适合，通常是指做出不正确的选择以及对相关信息的错误解释或者错误利用。相对应的，技能型错误是指操作人员有较少意识或者无意识的行为，疏忽大意是技能型失误的主要表现形式。相对来说，人们较少注意知觉错误，当操作人员的感觉输入不正常时，容易发生知觉失误，如在夜间或在恶劣的气候条件下工作时，由于视觉模糊等不能进行正常的判断时，容易导致知觉失误的发生。

例行的违规是指具有习惯性质的，而且通常能够被监督和管理系统容忍的偏离规定的行为。异常的违规是指对于规定的明显偏离，这不是个人习惯性的行为，同时管理者不会纵容这种行为的发生。

(2) 操作人员不安全行为的前提。Reason的"瑞士奶酪"模型指出了事故发生原因中的潜在失误以及上述所叙述的比较明显的操作人员失误。这些潜在失误将潜伏下来，在几天、几周甚至更长的时间内难以被察觉，直到有一天会导致事故的发生。操作人员不安全行为的前提是HFACS中第一层次的潜在失误，包括操作人员状态和操作人员的做法。

操作人员状态包括不利的精神状态、不利的生理状态以及自身智力的限制。不利的精神状态是指能够对绩效产生不利影响的精神状态，如分心、精神疲劳，以及过分自信、自满，动机错误等能够导致不安全行为。不利的生理状态是指疾病、视力障碍，由于长时间进行工作或者工作强度大等导致体力的疲劳等促进事故的发生。自身智力的限制是指操作人员无法获得安全完成任务所必需的感觉信息；即使能够获得这些信息，操作人员也不具备安全完成任务的能力、技能或者时间。

操作人员的做法分为班组资源管理和人员准备。班组资源管理是指班组内或班组间交流沟通的失误，如班组成员不以一个团队进行工作，或者直接负责操作人员工作的人员不能协调各操作人员之间的行为。人员准备是指操作人员已经从生理上以及精神上准备好表现出最佳绩效。

(3) 不安全监管。HFACS中分析了四种不安全监管：监管不足、操作计划不当、纠正问题失败以及违规监管。

监管不足是指监管者应该对操作人员提供指导、培训机会，激励操作人员以及对操作人员进行管理，如果监管者未能做到这些时，便出现了监管不足。操作计划不当是指当工作节奏或者工作安排使操作人员处于不能接受的危险中，影响绩效。虽然在紧急情况下，这些状况不能称为一种违规，但是在正常的工作中是不能被接受的。纠正问题失败与违规监管相似，但是二者又存在区别。纠正问题失败指的是监管者知道操作人员、设备、材料、培训等的缺陷或其他相关安全问题，但是任由这种情况继续下去。而违规监管则是指监管者故意无视既有规则或规定。

(4) 组织影响。Reason的模型并没有分析到监管原因，实际上，高层管理者的决策直接影响监管人员的做法以及操作人员的状态和行为。HFACS中认为组织影响体现在资源管理、组织气候以及组织程序。资源管理是指组织资源如人员、资金以及设施的分配。组织气候是指在特定环境中各个人直接或间接地对此种环境的看法，是组织成员对所在组织特点的共同感受。组织程序是指组织内正规的程序、流程以及监督。

HFACS最初是由航空业发展而来的，它的优势在于它的通用性，并能应用于各个行业。然而各个行业之间必定存在着差异性，Scarborough 和 Pounds[158]、Wiegmann 和 Shappell[159]、Reinach 和 Viale[160]分别针对飞行交通控制、军队活动、铁路系统，提出了 HFACS-ATC、CF-HFACS(Canadian Armed Forces)及 HFACS-RR，其中铁路行业的人因分析和分类系统包括5个层次、23个因素。目前HFACS已被美国陆军、空军、加拿大国防部队和美国联邦航空局和NASA采用。自从使用以来，该系统已经在与航空相关的其他领域取得了成功，如航空维修、军事航空事故、民用航空事故；在其他领域中也得到了成功应用，如铁路行业火车事故。但是，HFACS目前还没有应用到地铁项目运营事故的分析与调查中。

3.2.3.2 人员相关的前兆信息分析

在地铁项目运营系统中，与人相关的前兆信息，可细分为具体操作人员(司机/检修人员/调度人员)、监管人员(车站值班人员/工务巡检人员)、地铁项目运营系统管理人员及相关政府的管理人员的前兆信息。参照人因分析和分类系统，与人相关的前兆信息数量很多，如司机的技能型失误、检修人员的技能型失误、检修人员不利的精神状态等,参见表3-4。

表 3-4　地铁人员相关的前兆信息

(a) 人的不安全行为	(a-1)司机/(a-2)检修人员/(a-3)调度人员	(1) 操作人员的行为	(1-1) 失误	(1-1-1)技能型失误
				(1-1-2)决策失误
				(1-1-3)感知失误
			(1-2) 违规	(1-2-1)日常的
				(1-2-2)例外的
				(1-2-3)破坏行为
		(2) 操作人员的行为前提	(2-1)环境因素	(2-1-1)物理环境
				(2-1-2)技术环境
			(2-2)操作人员的状态	(2-2-1)不利的精神状态
				(2-2-2)不利的生理状态
				(2-2-3)自身能力的限制
			(2-3)人员因素	(2-3-1)班组资源管理
				(2-3-2)人员准备
	(a-4)车站值班人员/(a-5)工务巡检人员	(3) 监管因素		(3-1)不充分的监管
				(3-2)操作计划不当
				(3-3)纠正问题失败
				(3-4)违规监管
	(a-6)地铁运营系统管理人员	(4) 组织因素		(4-1)资源管理
				(4-2)组织气候
				(4-3)组织过程
	(a-7)相关政府管理人员	(5) 外部因素		(5-1)管理疏忽
				(5-2)经济/政治/社会/法律环境

3.3　地铁项目运营事故案例 PaICFs 调查模型

目前对于安全风险的预测研究主要集中在历史安全事故数据的基础上,而针对安全事故较少的地铁项目运营安全风险领域,使用历史安全事故数据进行风险预测,其预测精度显然不能满足要求,并不能完全反映出实际的安全风险情况。因此,应该将研究视角更多地放在那些可能导致事故发生的危险事件或不安全状态上,即事故的前兆信息。通过分析事故的前兆信息可以有效弥补历史安全事故案例较少所导致的预测精度不高的问题。鉴于此,在事故发生前识别出安全事故前兆信息对于提高系统的安全性具有极大的潜力。本节将重点介绍安全事故前兆信息的 PaICFs(Precursors and Immediate Contributory Factors)调查模型,并通过地铁项目运营阶段的安全事故案例具体介绍识别前兆信息的方法和过程。

3.3.1 PaICFs 调查模型简介

PaICFs(Precursors and Immediate Contributory Factors)调查模型是针对建筑施工现场的安全事故前兆信息及险兆事件的分析方法[161]。该模型结合了 Phimisiter 和 Bier 的预防事故的思想,即当一些意外事件并没有转变为安全事故时,主要有以下三种原因:(1)加重因素消失;(2)减弱因素发挥作用;(3)上述两种情况均发生[130]。

在上述思想的基础上,阻止前兆信息及险兆事件成为事故的原因如下列等式所述,其中安全事故简记为 F,事故前兆信息简记为 P,险兆事件简记为 NS,加重因素简记为 ω^+,减弱因素简记为 ω^-,没有采取措施预防事故再次发生称为不作为,简记为 N,时间简记为 T。

$$F = P(NS) + \omega^+ \tag{3-1}$$

式 3-1 表明,如果事故前兆信息发生的同时,一些特定的即时因素也发生,那么就会导致安全事故的发生。

$$F = P(NS) - \omega^- \tag{3-2}$$

式 3-2 表明,如果事故前兆信息发生的同时,并没有得到及时的阻断、预防或减弱,那么也会导致安全事故的发生。

$$F = P(NS) + \omega^+ - \omega^- \tag{3-3}$$

式 3-3 结合了式 3-1 和式 3-2 的思想。

$$F_{n+1} = F_n + N + T - \omega^- \tag{3-4}$$

式 3-4 表明,如果在一个事故发生以后,并没有采取相应的预防类似事故再次发生的手段(即不作为),那么随着时间的推移,在将来也有可能再次发生类似事故。此外,还可以从另一个角度解释式 3-4,即在不作为的情况下,一个安全事故在某种程度上也有可能是另外一个安全事故的前兆信息。

PaICFs 调查模型的目标是从安全事故历史记录中获取该事故的前兆信息,便于分析事故的致因因素,防止事故的再次发生。通过 PaICFs 调查模型获取事故前兆信息的具体过程为:首先针对某一个安全事故,根据表 3-5 中的直接原因(人的原因、环境原因、设备原因)、间接原因和基础原因,对安全事故历史记录进行分析;然后根据上一节已构建的地铁项目运营安全风险的前兆信息体系推断出可能的事故前兆信息。其中,表 3-5 列举的可能的直接原因、间接原因和基础原因,这些原因分类使用的是参考文献[162]和[163]的研究成果。

表 3-5　可能的直接原因、间接原因和基础原因分类

直接原因	间接原因	基础原因
人的原因： 　动作 　行为 　能力 　沟通 环境原因： 　布局 　空间 　照明 　噪音 　热,冷,潮湿 　当地的危险源 设备原因： 　适用性 　可用性 　状态	工作人员因素： 　态度,动机 　知识,技能 　监督 　健康和疲劳 现场因素： 　现场限制条件 　工作计划 　现场管理 设备因素： 　设计 　规范 　供应和可获得性	安全管理 安全气候 安全文化

3.3.2　地铁项目运营事故案例的 PaICFs 调查模型应用示例

为了表明如何利用 PaICFs 调查模型进一步调查事故和所报告上来的异常事件，本书从美国国家交通安全委员会（National Transportation Safety Board）所编制的《Railroad Accident Report》[164]中选取了一个实际的事故案例,结合发生在上海地铁的碰撞事故及韩国大邱地铁火灾事故,利用 PaICFs 调查模型分析其可能的前兆信息。

3.3.2.1　美国华盛顿地铁事故案例描述及分析

2009 年 6 月 22 日下午 4 点 58 分（北京时间 6 月 23 日 4 点 58 分），两辆地铁列车在华盛顿东北部相撞。当时正值下班高峰期,214 号地铁列车停在华盛顿市区东北部与马里兰州交界的地铁红线托腾堡（Fort Totten）地铁站附近的地面轨道上,等候进站命令,112 号列车(6 节车厢)从后面撞向 214 号列车(6 节车厢)的尾部,导致前面 214 号列车尾部车厢严重变形,112 号列车的前车厢爬上前列车上方(图 3-2),造成了华盛顿地铁系统运营 30 多年来最严重的事故。这次事故 9 人死亡,其中包括列车驾驶员,另外 52 人被送往当地医院,设备损失估计有一千两百万美元。

图 3-2　列车 112 的牵引车箱压在了列车 214 后部车箱之上

事故发生后,调查人员通过事故现场残存的迹象发现,电脑系统的信号故障和人为失误

可能是导致此次地铁事故的两大主要原因。现场证据显示,司机曾试图使自动控制转为手动操作,并按下刹车按钮,但最终依然没能阻止灾难发生。在事故中丧生的112号列车女司机(麦克米伦,42岁)是不久前从巴士司机转任地铁司机的,而且只接受了6个星期训练便开始驾驶地铁列车,事发时,她的地铁驾龄仅3个月。目前还没有证据表明事发前有类似手机通话或短消息等事情分散了司机的注意力。因此,司机的经验缺乏或操作不当可能是导致事故发生的原因之一。事发时,112号列车正处于"自动驾驶"模式,由计算机系统操作,女司机只负责车门的开关及应付突发的紧急情况。如果地铁司机发现自动驾驶系统失灵,理应启动紧急刹车。事故调查人员发现,女司机已经启动了紧急制动(刹车)系统,由于不够及时,列车仍冲撞了前面的214号列车。

深入调查华盛顿地铁,可知华盛顿地铁列车都安装有防止列车相撞的计算机控制系统,列车运行过程中,车载计算机通过控制列车运行速度和制动系统防止列车相撞,其他电子系统可以探测列车的位置,确保列车间的安全距离。如果列车之间距离过近,计算机系统会自动控制制动系统实现制动停车。出事的112号列车属于首批投入营运的1000系车辆,由Rohr公司制造,于1976年交付使用,20世纪90年代中期由Breda列车设备制造公司进行过改造和检修。但是调查发现,112号列车制动系统并没有按照规定的时间进行检修,事故发生时,检修延误规定时间已超过2个月。NTSB在2006年针对1000系车曾提出警告,认为该型列车车龄过长,车上无行驶数据的记录设备,应该更换或进行升级改造。

根据已经公布的调查结果,除去列车司机缺乏经验,列车车型陈旧,没有按照规定的时间进行维护检修等因素外,从技术层面分析,事故是由于列车自动控制系统地面与车载之间通信及其相关设备、部件的安全可靠性差所导致。相撞事故具体分析如下:

(1) 列车运行控制系统故障

运行控制系统是保障地铁行车安全、提高运输效率的核心。运行控制系统包括车载和地面两部分。车载部分包括车载计算机控制系统以及与地面系统进行信息交换的设备。地面部分包括列车控制中心与通信网络和轨旁轨道电路、信标、应答器等。车载计算机控制系统通过与地面系统交换信息来控制列车的安全运行。根据NTSB调查人员在24日晚间进行的测试结果,测试列车直至在事故发生位置停下时,列车控制系统始终没有检测到停在前面的测试列车,由此推断在该区段由于列车运行控制系统中的轨道电路等轨旁设备及其"地—车"之间通信传输系统出现问题,或未能识别出列车占用,或列车占用信息不能实时传送到车载设备。这意味着正处于自动驾驶模式的列车车载计算机控制系统不能确认前方区段有车辆占用,即112号列车不能发出制动停车命令。这正是导致112号列车与214号列车发生撞车事故的原因。

(2) 人工操作紧急制动时机滞后

112号车辆遗留痕迹显示,蘑菇状的紧急制动人工按钮处于被按下的状态;此外,在事故现场两条铁轨上都有金属相互摩擦产生的条状擦痕,这些擦痕末端离撞击点大约37.5 m,与紧急制动产生的擦痕一致。以上说明,紧急制动系统已被执行,但按照当时的车速计算制动距离肯定不够,还是发生了与前车相撞,说明司机启动紧急制动不及时。

3.3.2.2 上海地铁事故案例描述及分析

2009年12月22日5时50分,上海轨道交通1号线陕西南路至人民广场区间突发供电触网跳闸故障,造成该区间列车停驶。当日6时50分,在富锦路站至上海火车站站小交路折返段,中山北路站往上海火车站站下行的载客150号车以60.5 km/h的速度行驶近上海火车站站时,司机发现前方信号灯为红灯,立即采取紧急制动措施;由于当时制动距离已不足,6时54分,150号车以16.5 km/h的速度与正在折返的117号空车发生侧面冲撞。因速度较慢,事故未造成乘客伤亡,但大量乘客的出行受到影响。

地铁冲撞事故发生后,上海市委、市政府高度重视,迅速成立事故调查组,同时成立了由6人组成的专家组,协助开展事故原因的调查。专家组从车辆、运营、信号3个方面对事故原因进行了深入分析。事故调查组认定:在2001年上海轨道交通1号线火车站站改造项目的配线图修改时,因设计技术人员工作疏漏,区段编码电路配线出错。因此这起列车冲撞事故,引发原因是在运营部门因供电系统故障、采用临时非正常交路折返的情况下,使信号系统在该轨道区段向发生事故的150号列车错误地发送65 km/h的速度码,造成制动距离不足,从而发生两列列车侧面冲撞事故。相关专家表示,如果信号系统正常,在前方有车折返的情况下,此时向150号车发送的速度码应为20 km/h左右。一般来说,地铁列车设置为自动运行模式,列车会自动根据信号控制速度。而在事故发生的关键时刻,150号司机发现前方信号灯为红灯,便在系统信号还未发出制动命令时,紧急采取了制动措施。根据专家调阅的当时录像资料,司机的制动措施比系统命令早了1 s。如果司机没有抓住那"关键1 s",两车冲撞的速度会快很多,后果会更严重。在这起事故中,这位驾龄5年的地铁列车司机的主观能动性、丰富经验、娴熟技术起了关键作用。目前国内外地铁先进技术都已实现了列车自动驾驶功能,机器控制虽然精准,但仍需要司机根据经验做出应急判断,因此,地铁列车的驾驶是人机界面配合的工作。

事故调查过程中,专家组对上海轨道交通1号线其他类似车站的信号系统进行了测试,未发现异常情况。但设计疏漏的"个案",居然"潜伏"多年没有被发现,暴露了目前国内地铁安全认证体系的不完善。

3.3.2.3 韩国大邱地铁火灾事故

2003年2月18日上午9时50分,在韩国大邱市的地铁1号线上,1079号列车正朝着市中央路飞驰,当地铁列车徐徐开进中央路站的时候,2号车厢里有位身穿深蓝色运动装的汉子突然从自己的背包里拿出一个像牛奶罐的东西,可是他不是在喝奶而是拿打火机在罐头上点火,坐在身边的人以为他在玩打火机,于是劝他不要在车厢内玩火,可是这位玩火者还在继续,周围的人觉得这个人有点不对劲,赶紧冲上去和他搏斗,在搏斗过程中,满罐的汽油洒在了这位神秘人身上和车厢座位上,打火机点燃了汽油,瞬间车厢变成了火海。

大邱市地铁的火灾虽然是有人故意纵火而造成的,但是出现如此大的伤亡却是人们没有预料的,因为从事故现场站台到地铁地面出口步行只需要两分钟,之所以出现如此大的伤亡,分析有以下主要原因:

(1)大邱地铁的车站内虽然安装了火灾自动报警装置、自动淋水装置、除烟设备和紧急照明灯,但是这些安全装置,在对付严重火灾时仍明显不足,尤其是自动淋水灭火装置,由于车厢上方是高压线,为了防止触电,车厢内均没有安装这种装置,因此,大邱市地铁发生火灾时,不可能尽早扑救,车站一片漆黑,紧急照明灯和出口引导灯均没有闪亮。

（2）车厢内的座椅、地板和墙壁虽然都是耐燃材料,但经受不住过于猛烈的火焰,玻璃纤维和硬化塑料在遇到火焰和高温后炸裂,而这些材料一旦燃烧起来,大多会释放出有毒烟雾,这些烟雾在火灾之后几分钟内,导致现场人员窒息和救援人员难以迅速接近现场。

（3）加重此次火灾伤亡的另外一点是:地下设施根本没有发生火灾时强行抽出烟尘的空调设施,以致事故发生后三四小时后,救援人员还只能束手无策,由于地铁没有排烟设备,现场弥漫着大量烟雾和有毒气体,因此最初的救援行动严重受阻。

（4）在此次火灾事故中,由于地铁公司消极应对结果,在不知火灾事实的情况下,车站的中央控制室没有即时阻止另一辆列车进入车站,造成无辜的连累,导致伤亡人员增加,最终酿成192人死亡、340人受伤的严重后果。

3.3.2.4 事故前兆信息分析

通过上述事故描述和事故分析,造成事故的直接原因分为人、环境、设备因素。以美国华盛顿地铁事故为例,利用PaICFs调查模型及前面构建的前兆信息体系来寻找和推断该事故可能的前兆信息,如表3-6所示。

表3-6 原因分析和可能的前兆信息

原 因 分 析	可能的前兆信息
直接原因: 人的原因 * 司机缺乏经验,未及时刹车 设备原因 * 列车自动运行系统故障(轨旁ATO子系统)	（1）司机自身能力的限制 （2）组织过程(组织违规) （3）管理疏忽 （4）轨旁ATO子系统故障
间接原因: 人的因素 * 缺乏对相关人员的安全培训,缺乏安全意识 设备因素 * 缺乏对列车自动运行系统的常规检查 * 列车车型陈旧	
基础原因: * 安全管理不到位 * 未形成安全气候	

首先,一个主要的直接原因是"列车自动运行系统故障",这属于直接原因的"设备原因"。与这一直接原因相对应的间接原因是"缺乏对列车自动运行系统的常规检查"及"列车车型陈旧",而这些原因的基础原因都是因为"安全管理不到位"及"未形成安全气候"。同时,针对直接原因"司机缺乏经验,未及时刹车",可分析出其间接原因为"缺乏对相关人员的安全培训,缺乏安全意识",基础原因同样为"安全管理不到位"及"未形成安全气候"。所有

这些因素分析完之后,可与前面构建的前兆信息体系进行对比分析,总结出相关的前兆信息为:"司机自身能力的限制","组织违规","管理疏忽","轨旁 ATO 子系统故障"。如果不采取相应的措施去阻止类似情况的重复发生,这些可能的前兆信息就很有可能在将来再次导致类似事故的发生。尽管地铁项目运营过程中发生的与这些前兆信息相同或者相似的行为并不是每次都会导致安全事故的发生,但是,如果我们能够跟踪这些前兆信息并采取阻截措施避免这些前兆信息的发生,那么就可以极大地降低安全事故重复发生的可能性。按照同样的方法,可获得另外两个案例的前兆信息,如表 3-7 所示。

表 3-7　三个案例的前兆信息

案例号	原因分析	前兆信息
案例 1　华盛顿地铁两车碰撞事故 collision(C1-1)	司机缺乏经验,未及时刹车	司机自身能力的限制
	没有按照规定的时间进行维护检修	组织违规
		管理疏忽
	列车自动运行系统故障(轨旁 ATO 子系统)	轨旁 ATO 子系统故障
案例 2　上海地铁两车碰撞事故 collision(C1-2)	区段编码电路配线出错,地铁安全认证体系不完善	组织违规
		管理疏忽
	列车自动运行系统(车载 ATO 子系统)	车载 ATO 子系统故障
案例 3　韩国大邱地铁火灾事故 fire(F1-1)	乘客故意纵火	乘客恶意行为
	安全装置,在对付严重火灾时仍明显不足	消防装置不充分
	地铁公司消极应对结果,在不知火灾事实的情况下,车站的中央控制室没有即时阻止另一辆列车进入车站	不充分的监管

结果表明,在这两个碰撞案例中,出现了相同的前兆信息"组织违规"与"管理疏忽";前兆信息"轨旁 ATO 子系统故障"与"车载 ATO 子系统故障"分别出现在不同案例中,但故障类型非常接近,都属于信号系统的问题;案例(C1-1)中还出现了前兆信息"司机自身能力的限制"。这些前兆信息虽然是没有发生伤亡事故的小事件,却具有导致更加严重后果的可能性。

同时,将碰撞案例与火灾案例进行对比发现,火灾案例的前兆信息主要体现在社会环境方面"乘客的恶意行为",其设备方面的前兆信息为"消防装置不充分",人因方面的前兆信息为"不充分的监管"。由此可见,火灾案例的前兆信息与碰撞案例的前兆信息差别比较大,也显示了同类风险事件的前兆信息具有同一性。

3.3.3　相关结论

随着地铁列车运输能力和运输效率的不断提高,运输密度的不断加大,列车速度加快,要求列车运行控制自动化程度不断提高,地铁列车系统的安全稳定显得尤为重要。针对以上事故案例的前兆信息分析,可以得出以下结论。

(1) 人是保证行车安全的第一要素。我国城市轨道交通的后发优势,决定了大量启用自动化的先进设备(比如 ATC 系统),并利用其列车超速防护(ATP)、自动驾驶(ATO)等功能保证行车安全,但往往忽视了人的作用。正如华盛顿地铁相撞事件告诉我们,在事故中丧生的 112 号列车司机只接受 6 个星期训练便开始驾驶地铁列车,一旦设备失灵,司机处理不当,最终导致重大事故的发生。因此,做好提高运营人员的敬业精神与专业素质的教育工作至关重要。

(2) 积极推动相关技术装备安全的标准化工作。目前国内地铁列车控制系统采用的产品来自不同的生产厂商,在信号的传输形式与制式、速度控制模式、通信网络等方面各不相同,即使同一个城市的地铁车辆系统也不一样。目前国内关于地铁列车控制系统产品(包括运行控制系统与网络控制系统)的标准也不够健全和完善。实践证明,制订、出台相关国家或行业标准是保证地铁运营安全十分重要的基础工作,它对于规范地铁列车控制系统产品的生产与运用,进而保证列车的运营安全将起到积极的促进作用。

(3) 加强对产品的试验、检测和认证工作。地铁运营前的车辆及机电设备采购到位或技术升级后,必须进行一系列的技术试验、检测和认证工作,以最终保证技术装备在运营中的安全稳定运行。列车控制系统由硬件设备与相关软件构成,在保证硬件设备以及信号传输线路的可靠性之外,提高列车控制系统软件的可靠性与稳定性成为非常重要的工作,一方面加强对产品生产部门的资质认证与管理,按照可靠性、可用性、可维护性和安全性(Reliability, Availability, Maintainability, Safety, RAMS)等相关安全标准与规范的要求,生产、制造相关系统硬件与软件产品,同时还要加强对系统产品特别是软件系统的日常测试与评估,以便能够提前发现并及时解决存在的问题。

(4) 加快对老地铁列车控制系统的更新换代与改造。目前,我国部分地铁列车已经运营多年,列车的运行控制系统需要进行升级换代,从信号传输、运行控制、指挥调度、通信网络等多个方面全方位提高地铁列车的速度运行自动控制水平以及对列车运行状态的实时监视、诊断和控制能力。

3.4　本章小结

针对现有研究及实践中提高安全绩效的不足,本章分析了前兆信息对提高安全绩效的重要意义,也为地铁项目运营安全风险的识别和预测提供了一个有效途径。在此基础上,首先分析了地铁设备、环境系统可能存在的前兆信息,指出与地铁系统硬件设备相关的前兆信息主要体现在各个部件的故障及损坏,并将技术系统进行多层次的分解,获得硬件设备相关的前兆信息,而环境方面的前兆信息则从社会环境和自然环境这两个角度进行了分析。

其次,针对人员相关的前兆信息,提出了人因分析和分类系统(Human Factors Analysis and Classification System, HFACS),充分研究了人的不安全行为和影响人的不安全行为的潜在因素，并构建了地铁相关人员的前兆信息体系。

最后，为了对前兆信息有一个更加全面和深入的认识，在已构建的关于设备、环境及人的前兆信息体系的基础上，以两个列车碰撞事故、一个火灾事故为例，通过分析事故的原因，找出相应事故的前兆信息。

第四章 基于 SDT 的地铁项目运营安全风险前兆信息判别

在前兆信息建立的基础上,针对部分可测的前兆信息的识别和监控问题,部分学者已经从技术上肯定了实时监控子系统实现的可能性,提出了利用无线射频识别(RFID)及无线传感器网络(WSN)来进行系统设计[146]。而大量与人相关的前兆信息(如工作人员的疲劳情况),目前尚未先进到用技术来进行识别。倘若能依赖地铁系统中的工作人员,对前兆信息进行判别,也是一个很好的安全管理途径。因此,面对地铁项目运营系统中的大量风险前兆信息,除了技术上的可行性外,工作人员的判别能力至关重要。本书将在信号检测理论的基础上,系统分析前兆信息的判别过程。

4.1 信号检测理论概述

4.1.1 信号检测理论的基本原理

信号检测论(Signal Detection Theory,SDT)是一种新的心理物理法,主要研究信息传输系统中信号的接收部分。它最早用于通信工程中,即借助于数学的形式描述"接收者"在某一观察时间将掺有噪声的信号从噪音中辨别出来[165]。

当个人或机器需要对刺激进行检测并做出相应的反应时,SDT 提供了一种衡量决策制定过程的方法,因此,SDT 中涉及刺激以及相应的反应。SDT 的数学基础是统计决策理论,它把刺激的判断看成是对信号的侦查和做出选择的过程,认为信号总是在噪音的背景上产生,信号的影响和噪音的影响都被假定为正态分布,这两种分布由于信号比噪音微弱增强,故有一定的重叠,因此,可以认为 SDT 衡量的是做出正确选择的能力。但是,什么是正确选择以及个人如何做出正确选择是 SDT 产生的基础理论。SDT 认为可以将实际存在的环境(即刺激)分为两种情形:信号——感兴趣的事情出现,以及噪音——感兴趣的事情没有出现,在每种状态下都存在两种反应可能:是——信号出现,以及否——信号没有出现,因此共包含四种结果,分别是:

(1)击中(Hit):信号出现且反应为"是,信号出现",判定的概率称为击中的条件概率,以 $P(H)$ 表示;

(2)漏报(Miss):信号出现但反应为:"否,信号没有出现",判定的概率称为漏报的条件

概率,以 $P(M)$ 表示;

(3) 虚报(False Alarm):信号没有出现但反应为"是,信号出现",判定的概率称为虚报的条件概率,以 $P(FA)$ 表示;

(4) 正确拒斥(Correct Rejection):信号没有出现且反应为"否,信号没有出现",判定的概率称为正确拒斥的条件概率,以 $P(CR)$ 表示。

由此可得,击中以及正确拒斥是对刺激的正确反应,漏报与虚报是对刺激的错误反应。SDT 中涉及的四种结果如表 4-1 所示,如果用概率表示,则显然有:

$$P(H) + P(M) = 1; \quad P(FA) + P(CR) = 1$$

表 4-1　SDT 中涉及的四种结果

反应	刺激	
	信号	噪音
是	击中(Hit)	虚报(False Alarm)
否	漏报(Miss)	正确拒斥(Correct Rejection)

SDT 认为信号与噪音服从具有相同标准差的正态分布,即 $\sigma_s = \sigma_n$。因为对于某一确定的观察时间内,我们认为信号是比较稳定的,即信号强度是一常数,但噪音受多种独立的随机因素的影响,其强度分布呈正态,我们总是在噪音的背景下检测信号,即信号是叠加在噪音之上,因而实际我们所感觉到的信号强度亦呈正态分布,且波形与噪音的分布形态一致,SDT 中信号与噪音的分布曲线如图 4-1 所示。SDT 的最大优点是可以把被试的反应敏感性和反应倾向性分开,这是通过 SDT 的两个指标:辨别力指标 d' 及反应倾向性指标 β 来反映的,下面结合图 4-1 分别介绍这两个指标的含义。

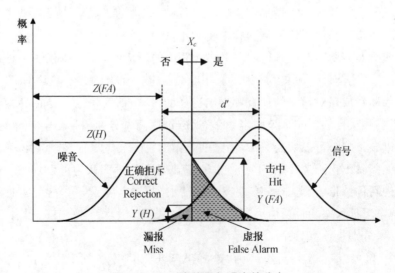

图 4-1　SDT 中信号与噪音的分布

(1) 辨别力指标 d'

当信号的强度小于或等于噪音的强度时,信号就难于从噪音中分辨出来,因此,一般只有信号强度大于噪音强度时方可言信号的分辨问题。信号与噪音的分布是一客观存在,由于两个分布有重叠,这就导致了从噪音中如何检测信号的问题。辨别力指标 d' 衡量的是被试对于信号与噪音之间区别的敏感度。在噪音强度不变的情况下,信号的强度越大,两个分布的重叠范围就越小,越容易从噪音中辨别出来,即辨别力指标 d' 越大(如图 4-2(1)所示)。反之,如果噪音强度不变,信号强度越小,两个分布的重叠范围就越大,就越不容易从噪音中分辨出来,即辨别力指标 d' 越小(如图 4-2(2)所示)。所以辨别力指标 d' 越大,则说明被试的辨别力越好,能较好地区分信号与噪音,反之,辨别力指标 d' 越小,则说明被试的辨别力越差,不能较好地区分信号与噪音。同时,还可以看出,在图 4-2(1)中,被试出错的概率较小,即漏报的条件概率及虚报的条件概率均较小;在图 4-2(2)中,被试出错的概率较大,即漏报的条件概率及虚报的条件概率均较大。

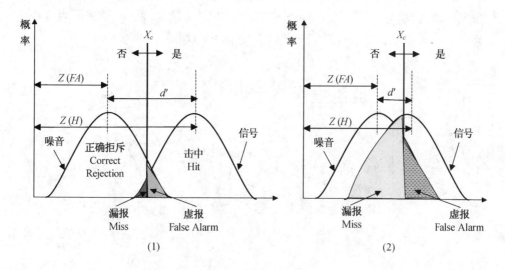

图 4-2 被试者辨别力指标

如图 4-2 所示,假设信号的分布为:$S \sim N(\mu_s, \sigma_s)$,噪音的分布为 $N \sim N(\mu_n, \sigma_n)$,前面已经说明 $\sigma_s = \sigma_n$,且记为 σ,将信号分布与噪音分布标准化,可得:$\frac{(S-\mu_s)}{\sigma} \sim N(0,1)$,$\frac{(N-\mu_n)}{\sigma} \sim N(0,1)$。将信号与噪音的强度差别标准化记为辨别力指标 d',即 $d' = \frac{\mu_s - \mu_n}{\sigma}$。为了便于辨别力指标的计算,需要知道被试击中的条件概率 $P(H)$ 及虚报的条件概率 $P(FA)$,由图 4-2 以及正态分布可得:

$$P(H) = P(S > X_c) = P(S < 2\mu_s - X_c) = \Phi\left(\frac{2\mu_s - X_c - \mu_s}{\sigma}\right) = \Phi\left(\frac{\mu_s - X_c}{\sigma}\right) \quad (4-1)$$

$$P(FA) = P(N > X_c) = P(N < 2\mu_n - X_c) = \Phi\left(\frac{2\mu_n - X_c - \mu_n}{\sigma}\right) = \Phi\left(\frac{\mu_n - X_c}{\sigma}\right) \quad (4-2)$$

由式 4-1 及式 4-2 可知：$d' = Z(HR) - Z(FAR) = \Phi^{-1}(HR) - \Phi^{-1}(FAR)$ （4-3）

（2）反应倾向性指标 β

被试进行信号检测时，实际上有一个判断强度的标准 X_c，被试认为某一刺激是信号出现，取决于这个判断标准，X_c 也被称做是判断阈值。如图 4-3 所示，如果刺激的强度大于 X_c，被试将会以信号出现反应，如果刺激的强度小于 X_c，被试将会以信号没有出现反应。

判断阈值 X_c 的变化决定了漏报以及虚报的条件概率。如果被试判断阈值偏低，即 X_c 偏左，则当刺激的强度不大时，被试就会判断信号出现，因此虚报的条件概率 $P(FA)$ 会增加，而漏报的条件概率 $P(M)$ 会减少，此时，被试的策略是比较冒险的（判断某一刺激是否是信号时，宁可虚报也不漏报），如图 4-3(1)所示。相反的，如果被试判断阈值偏高，即 X_c 偏右，则需要较大的刺激强度才能被被试看做是信号出现，因此漏报的条件概率 $P(M)$ 会增加，而虚报的条件概率 $P(FA)$ 及击中的条件概率 $P(H)$ 会减少，此时，被试的策略是比较保守的（判断某一刺激是否是信号时，宁可漏报也不虚报），如图 4-3(2)所示。

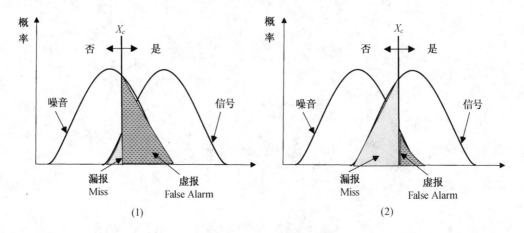

图 4-3 被试者采用的策略

SDT 中，判断阈值 X_c 是用反应倾向性指标 β 来表示的，与特定的 X_c 相对应的 β 称为 $\beta_{current}$。反应倾向性指标的计算公式为：

$$\beta_{current} = \frac{Y(H)}{Y(FA)} \quad (4-4)$$

其中 $Y(H)$ 与 $Y(FA)$ 分别代表击中的条件概率与虚报的条件概率在标准正态分布上所对应的纵坐标值，其表达式为 $f(x) = \frac{1}{\sqrt{2\pi}} \exp^{-x^2/2}$。由此可以看出，$\beta_{current}$ 越小（如图 4-3(1)所示），被试对于刺激的反应更多的是信号出现，即被试判断阈值 X_c 越小，被试的策略是冒险的。相反的，$\beta_{current}$ 越大（如图 4-3(2)所示），被试对于刺激的反应更多的是信号没有出现，即被试

判断阈值 X_c 越大,被试的策略是保守的。因此,反应倾向性指标 β 与判断阈值 X_c 是相对应的。

由于 X_c 的选择,对多重观察结果的评价需要 $\beta_{current}$ 的正态结果或者与最优值的比较。数学上认为,这个最优值是噪音 $P(N)$ 和信号 $P(S)$ 的可能性比率。这个比率如下:

$$\beta_{opt} = \frac{P(N)}{P(S)} \tag{4-5}$$

在计算出 $\beta_{current}$ 和 β_{opt} 后,这两者之间相互比较可以决定被试是采用冒险策略还是保守策略。如果 $\beta_{current}$ 大于 β_{opt},则说明被试者采用比较保守的策略;如果 $\beta_{current}$ 小于 β_{opt},则说明被试者采用比较冒进的策略。

4.1.2 信号检测理论的应用综述

信号检测理论的应用体现在传统应用领域以及社会科学应用领域。

(1) SDT 的传统应用领域综述

国外关于信号检测基础理论的研究一直是学者关注的重点,在这些相关领域中的应用更是研究的热点和重点[166-167]。国内近期在各个领域中的研究主要包括:刘军等学者利用信号检测理论和泊松过程仿真感觉系统中随机共振现象[168];费珍福等学者研究了分形理论在语音信号端点检测及增强中的应用[169];孙中伟等提出了基于弱信号检测理论的离散小波变换域数字水印盲检测算法[170];朱志宇等学者研究了基于混沌理论的微弱信号检测方法[171];侯楚林等研究了基于互相关与混沌理论相结合的水下目标信号检测[172];郑丹丹和张涛研究了基于混沌理论的涡街微弱信号检测方法[173];张汝华等学者研究了信号采样理论在交通流检测点布设中的应用[174];李月等学者研究了基于特定混沌系统微弱谐波信号频率检测的理论分析与仿真[175]。

(2) SDT 在社会科学领域的应用综述

SDT 是一种研究个人决策制定策略的通用的心理物理学方法。随着 SDT 基础理论研究的成熟,国内外许多学者将其转向社会科学领域的应用。在国外,SDT 在社会科学领域的应用已经非常普遍,SDT 的应用首先出现在心理学和医药领域,特别是在信息获取、倾向测试、精神病诊断和疾病诊断方面[176-179]。Wickens[179]总结了 SDT 适用领域的三个关于复杂问题决策的例子:①一个心理医生正在认真尝试着正确诊断一个病人,但是症状非常模糊和不确定,而且这个病人也无法准确地描述这些症状;②一个地震学家正在试图预测一个大地震,但是判断所依据的数据非常模糊甚至相互矛盾,而且一些从历史记录获得的数据不准确;③一个目击者正在试图辨认出一个犯罪嫌疑人,但是案件发生在夜里,目击者也看不清楚,而且目击者的证词已经被重复性地审问了好几遍。显而易见,这三个复杂决策案例有着潜在的共性:都是在影响决策结果的变量不确定的情况下做出决策[179]。Green 和 Swets 将 SDT 应用于人类的感觉和决策,在这些研究中,参与者要分辨出具有某些特征的信号和不具有这些特征的噪音[177]。SDT 被用来从回答中分辨出敏感度(识别信号的能力)并且计算出相应的估计值,SDT 框架中的这种敏感度分析方法被拓展到很多领域中。Swets 和

Pickett借鉴了SDT的理论和方法,建立了诊断系统的评价方法[176];Deshmukh和Rajagopalan研究了如何利用SDT对网页过滤软件的阻拦效果进行有效的评价[180]。Pickett等学者研究了如何利用SDT提高零售业的服务质量[181]。Ramsay和Tubbs研究了如何在会计诊断系统中应用信号检测理论[182]。SDT还被广泛应用于内存检测领域、测谎领域、个人选择及审判决策等[180]。

在国内,主要将SDT应用到心理研究领域中。陈宁[183]将SDT技术应用到广告再认测试中,由于广告再认测试与传统的心理学研究的差异,因此对SDT做出相应的修正。乐国安等学者[184]将SDT应用于刑事诉讼,评估惩罚犯罪和保障无辜两者的关系。苗青利用SDT对MBA/EMBA学员开展了新业务投资决策有限理性分析,并分析了影响决策者有限理性的因素[185]。张铎将SDT应用于船舶海上瞭望过程,认为瞭望过程就是采集和处理海上信息并判断海上危险的过程,揭示了瞭望信息检测中的规律[186]。杨治良等学者利用SDT对学生再认识能力的最佳年龄进行了研究[187]。

SDT作为检测信号的一种理论方法,其数学基础是统计决策理论。随着集值统计方法和模糊数学原理的应用,信号检测论的适用范围进一步拓宽,适用条件也没有传统的那么严格,无需假设噪音与信号的分布为正态及检测过程中的感受性保持不变。正因为这样,它有着广阔的应用前景。

4.2 模糊集理论

SDT的基础是将刺激分为噪音与信号两种状态,一种刺激要么属于信号,要么属于噪音,对于某一刺激的反应也是要么为信号出现,要么为信号没有出现,这种二分法只有在实验室条件下才能实现。然而在实际情况中,信号与噪音的界限不是明显的,是模糊化的。由于模糊模型能够有效地处理二分法中所丢失的信息,因此,对于评价实际情况下的个体或机器的绩效而言,模糊化的模型是一种更为有效的方法。

能够说明将刺激简单地分为噪音与信号两种状态是不合理的最好的一个例子是针对飞行中航空器的空中管制条例[188]。条例规定巡航飞行的飞机必须在垂直方向上至少保持305 m的距离,在水平方向上至少要保持5 nmile的距离。根据信号检测理论的二元分类,在同一飞行高度上的两架飞机之间的距离只要在5 nmile之内就是信号的出现。然而,间距为4.9 nmile与间距仅为0.1 nmile,这两种情况的危险度是不同的。如果没有5 nmile这一标准,两架飞机之间的水平间距为4.9 nmile与间距为5.1 nmile可以被看做是极为相似的两个状态。这说明信号是具有情景依赖性的,且是连续的,或者说是模糊的。此外,操作员对于信号是否出现的判断还取决于其他的外界因素,操作员当时所处的实际情形、操作员的个人知觉以及操作员当时的工作风险度或者压力,都是作用于其判断的重要因素,如操作员当时处在空中交通流量较大的情况下,则会认为两架飞机之间的距离应该为8 nmile以上。影响操作员将某一刺激看做是信号的一个重要因素则是刺激出现的时机以及操作员对于信号强度的感知。因此,上面所述的情景依赖性以及操作员的感知决定了刺激不是二分的,而是模糊的。

SDT 虽然是一种强有力的分析工具,但将状态二分为信号与噪音两类不符合实际情形。由 Zadeh 提出的模糊理论则能很好地处理这种状态不能被严格划分为"是"或"否"两类的情形,因此,当信号与噪音的界限是模糊的情况下,模糊理论可以与 SDT 结合来分析个人或机器的绩效。Parasuraman 实现了模糊理论与 SDT 的结合,提出了模糊信号检测理论(FSDT),这能够更好地分析实际情形中的信号检测,从而避免将刺激简单地分为两种状态而导致有效信息的缺乏。

在一系列风险情景中判别前兆信息,必然要对风险情景进行模糊定义,并用到模糊集(Fuzzy Sets)。模糊集是 Zadeh 教授于 1965 年提出的,用于表示界限或边界不分明的具有特定性质事物的集合,其基本思想是把经典集合中的绝对隶属关系灵活化。当系统对信号的识别不再局限于"yes/no"的时候,SDT 就可以结合模糊集理论来分析系统的识别能力。用特征函数的语言可诠释为:系统对信号的识别不再局限于取 0 和 1,而是可以取 0~1 之间的任一数值,这样计算出的结果将更加精确。

4.2.1 模糊数

模糊数是模糊集理论中的一个基本概念,是建立在模糊语义变量和隶属函数的基础之上的,用来处理一些不确定的信息,如"很高"、"一般"等模糊性语言。目前,比较常用的是三角模糊数和梯形模糊数[189]。三角模糊数可记为 $\widetilde{P} = (p_1, p_2, p_3)$,其隶属函数为:

$$\mu_{\widetilde{P}}(x) = \begin{cases} 0 & x < p_1, \\ (x-p_1)/(p_2-p_1) & p_1 \leqslant x \leqslant p_2, \\ (p_3-x)/(p_3-p_2) & p_2 \leqslant x \leqslant p_3, \\ 0 & x > p_3. \end{cases} \tag{4-6}$$

梯形模糊数可定义为 $\widetilde{P} = (p_1, p_2, p_3, p_4)$,其隶属函数为:

$$\mu_{\widetilde{P}}(x) = \begin{cases} 0 & x < p_1, \\ (x-p_1)/(p_2-p_1) & p_1 \leqslant x \leqslant p_2, \\ 1 & p_2 \leqslant x \leqslant p_3, \\ (p_4-x)/(p_4-p_3) & p_3 \leqslant x \leqslant p_4, \\ 0 & x > p_4. \end{cases} \tag{4-7}$$

任取 $\lambda \in [0,1]$,则 $P^\lambda = \{x \mid x \in \mathbf{R}, \mu_{\widetilde{P}}(x) \geqslant \lambda\} = [P_L^\lambda, P_R^\lambda]$,称 P^λ 为 $\widetilde{P}$ 的 λ 截集。三角模糊数 $\widetilde{P} = (p_1, p_2, p_3)$ 及梯形模糊数 $\widetilde{P} = (p_1, p_2, p_3, p_4)$ 的 λ 截集可表示为:

$$P^\lambda = [P_L^\lambda, P_R^\lambda] = \begin{cases} [(p_2-p_1)\lambda+p_1, \ (p_2-p_3)\lambda+p_3] & \widetilde{P}=(p_1,p_2,p_3), \\ [(p_2-p_1)\lambda+p_1, \ (p_3-p_4)\lambda+p_4] & \widetilde{P}=(p_1,p_2,p_3,p_4). \end{cases}$$

(4-8)

其中，$\widetilde{P}$ 是 L-R 型模糊数。

4.2.2 模糊数解模糊

在模糊集合中，取一个相对最能代表这个模糊集合的单值的过程被称为解模糊。解模糊的方法包括全积分值算法、重心法、极左最大法、极右最大法、平均最大法、加权平均法、隶属度限幅元素平均法等。采用不同的解模糊方法得到的结果也是不同的。理论上，重心法比较合理，但计算比较复杂。积分值法[190]能利用λ-截集的运算来对模糊数进行处理，易于理解且计算简便。因此，本书采用了这种方法，用优化指标 k 来反映决策人员的意见。假设 $\widetilde{P}$ 是 L-R 型模糊数，模糊数 $\widetilde{P}$ 的解模糊值为

$$I(\widetilde{P}) = (1-k)I_R(\widetilde{P}) + kI_L(\widetilde{P})$$

(4-9)

式中，$k\in[0,1]$为乐观系数，当 $k=0$ 和 $k=1$ 时，$I(\widetilde{P})$ 分别对应模糊数 $\widetilde{P}$ 解模糊化值的上下界；当 $k=0.5$ 时，$I(\widetilde{P})$ 为模糊数 $\widetilde{P}$ 解模糊化值的代表值；$I_R(\widetilde{P})$ 和 $I_L(\widetilde{P})$ 分别为模糊数左右隶属函数反函数的积分值。对于三角模糊数，$I_R(\widetilde{P})$ 和 $I_L(\widetilde{P})$ 可用 λ-截集表示，即

$$I_R(\widetilde{P}) = \frac{1}{2}\Big[\sum_{\lambda=0.1}^{1}\lambda_R(\widetilde{P})\Delta\lambda + \sum_{\lambda=0}^{0.9}\lambda_R(\widetilde{P})\Delta\lambda\Big]$$

(4-10)

$$I_L(\widetilde{P}) = \frac{1}{2}\Big[\sum_{\lambda=0.1}^{1}\lambda_L(\widetilde{P})\Delta\lambda + \sum_{\lambda=0}^{0.9}\lambda_L(\widetilde{P})\Delta\lambda\Big]$$

(4-11)

式中，$\lambda_R(\widetilde{P})$ 和 $\lambda_L(\widetilde{P})$ 分别为模糊数 $\widetilde{P}$ 的 λ-截集的上、下界；$\lambda=0,0.1,0.2,\cdots,1$；$\Delta\lambda=0.1$。

4.3 基于信号检测理论的前兆信息判别过程

通过分析 SDT 基本原理可知，SDT 是一种衡量决策制定过程的方法，其两个基本指标——辨别力指标与反应倾向性指标，能很好地衡量工作人员对前兆信息的判别能力。在一系列风险情景中判别前兆信息，由于风险情景本身就有相应的危险度，因此专家对某一风险情景危险度的认识，可视为 SDT 中的"信号(s)"；而地铁运营工作人员对该风险情景危险度的判别情况，可视为 SDT 中的"反应(r)"。为了得到更精确的结果，本书也引入了模糊集理论，将风险情景的危险度进行模糊化。利用 SDT 测定地铁运营工作人员对前兆信息判别

能力的步骤如下。

4.3.1 选择模糊语言隶属函数

在分析调查专家对某一风险情景危险度的认识(s)、地铁运营工作人员对该风险情景危险度判别(r)的时候,需要确定模糊语言的隶属函数。

专家采用模糊性语言对地铁项目运营阶段某一风险情景的危险度进行评估时,可用模糊数来表示专家给出的模糊判断。采用此方法的优势在于:在难以给出具体数值的模糊状态下,为了更直观地表示专家的评判结果,可引入语言变量。Wickens[191]认为事件发生概率可划分为 7 个语义值:非常高(Very High,VH)、高(High,H)、偏高(Fairly High,FH)、中等(Medium,M)、偏低(Fairly Low,FL)、低(Low,L)、非常低(Very Low,VL),各种模糊语言术语的含义见表 4-2。

表 4-2 模糊语言术语含义

评价语言	频度
非常低(VL)	几乎不发生
低(L)	很少发生
偏低(FL)	较少发生
中等(M)	时有发生
偏高(FH)	经常发生
高(H)	频繁发生
非常高(VH)	应该会发生

模糊数用来处理一些不精确的信息,如"一般""很高"等模糊性语言。模糊数的形式有很多种,本书应用三角模糊数及梯形模糊数对模糊语言术语进行定量化处理。非常低(VL)=(0,0.1,0.2);低(L)=(0.1,0.2,0.3);偏低(FL)=(0.2,0.3,0.4,0.5);中等(M)=(0.4,0.5,0.6);偏高(FH)=(0.5,0.6,0.7,0.8);高(H)=(0.7,0.8,0.9);非常高(VH)=(0.8,0.9,1.0),运用方程(4-6)和(4-7),这些模糊语言变量的隶属函数可用图 4-4 表示。

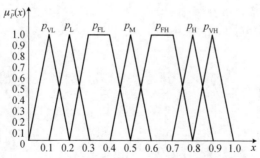

图 4-4 模糊语言变量的隶属函数

运用方程(4-8),模糊语言变量的隶属函数和λ-截集[192]见表4-3。

表 4-3 模糊语言变量和 λ 截集

模糊语言变量	λ-截集
$p_{VL}=(0, 0, 0.1, 0.2)$	$p_{VL}^{\lambda}=[0.1\lambda+0, -0.1\lambda+0.2]$
$p_{L}=(0.1, 0.2, 0.3)$	$p_{L}^{\lambda}=[0.1\lambda+0.1, -0.1\lambda+0.3]$
$p_{FL}=(0.2, 0.3, 0.4, 0.5)$	$p_{FL}^{\lambda}=[0.1\lambda+0.2, -0.1\lambda+0.5]$
$p_{M}=(0.4, 0.5, 0.6)$	$p_{M}^{\lambda}=[0.1\lambda+0.4, -0.1\lambda+0.6]$
$p_{FH}=(0.5, 0.6, 0.7, 0.8)$	$p_{FH}^{\lambda}=[0.1\lambda+0.5, -0.1\lambda+0.8]$
$p_{H}=(0.7, 0.8, 0.9)$	$p_{H}^{\lambda}=[0.1\lambda+0.7, -0.1\lambda+0.9]$
$p_{VH}=(0.8, 0.9, 1.0)$	$p_{VH}^{\lambda}=[0.1\lambda+0.8, -0.1\lambda+1.0]$

为了能够更准确地利用模糊数来量化风险情景的危险度,有必要综合多个专家的评判结果。本书采用算术平均法来综合多个专家的评判结果,n个专家的综合评判可表示为

$$P_i^{\lambda} = \frac{p_{i1}^{\lambda} \oplus p_{i2}^{\lambda} \oplus \cdots \oplus p_{in}^{\lambda}}{n}, i=1, 2, \cdots, m \tag{4-12}$$

式中,P_i^{λ}为第i个风险情景危险度的λ-截集;p_{ij}^{λ}为第j个专家评判第i个风险情景危险度的λ-截集;m为风险情景的数目。

接着,将利用解模糊的方法计算出专家对风险情景危险度的认识,并将其视为标准值(s)。类似地,可计算出地铁运营工作人员对风险情景危险度的判别情况,可表示为判别值(r)。

4.3.2 运用隐藏函数

通过前面的调查与计算,可以得到每个风险情景危险度的"信号"及"反应"组合(s, r),利用这一组合计算工作人员对该风险情景可能的判别结果:击中(H)、漏报(M)、虚报(FA)以及正确拒斥(CR)。在 SDT 中,利用 IF-THEN 函数,行为结果仅为四种结果中的一种,不会出现其他的结果。而在模糊化的 SDT 中,对于任一风险情景,工作人员的判别结果不止一种。例如:专家对于某一风险情景危险度判别 $s=0.8$,即认为这一风险情景很大程度上属于信号,当某一工作人员对该风险情景危险度的识别 $r=0.9$ 时,则在传统的 SDT 中,该工作人员的判别结果将会为"击中"($H=1$);而在模糊化的 SDT 中,则认为该工作人员对该风险情景的判别很大程度上属于"击中",但也会有小部分概率的"虚报"。对于模糊化 SDT,Parasuraman[193]提出了一种计算某一风险情景四种判别结果的隐藏函数,如公式 4-13 所示:

$$\begin{cases} 击中(Hit):H=\min(s, r) \\ 虚报(False\ Alarm):FA=\max(r-s, 0) \\ 漏报(Miss):M=\max(s-r, 0) \\ 正确拒斥(Correct\ Rejection):CR=\min(1-s, 1-r) \end{cases} \tag{4-13}$$

因此，根据以上描述的情况，在传统 SDT 中，该工作人员的判别结果将会为 $H=1$，$M=FA=CR=0$；在模糊化的 SDT 中，该工作人员的判别结果将会为 $H=0.8$，$M=0$，$FA=0.1$，$CR=0.1$，从结果中可发现，这四个参数的总和都为 1。

4.3.3 计算击中率及虚报率

击中率(Hit Rate, HR)及虚报率(False Alarm Rate, FAR)是计算辨别力指标 d' 与反应倾向性指标 β 的关键。由于上一步骤中计算的是工作人员对某一风险情景所做出的判别结果的概率，而一个测试包含多个风险情景，因此，某工作人员击中率及虚报率为该工作人员对多个风险情景判别结果的加权平均值。计算公式如 4-14 所示：

$$\begin{cases} HR = \sum (H_i) \Big/ \sum (s_i) \\ FAR = \sum (FA_i) \Big/ \sum (1-s_i) \quad i=1,2,\cdots,n \end{cases} \tag{4-14}$$

式中，H_i，FA_i 表示工作人员对第 i 个风险前兆的击中、虚报的概率，由式 4-13 求得；s_i 表示专家对于第 i 个风险前兆危险度的判断；i 表示刺激的个数，$i=1,2,\cdots,n$。

例如有两个风险情景，某工作人员开始判别分析，假设第一个风险情景的判别结果是 $(0.7,0.6)$，第二个风险情景的判别结果是 $(0.8,0.9)$，据此可得出 $s_1=0.7$，$s_2=0.8$，且 $1-s_1=0.3$，$1-s_2=0.2$。由公式(4-13)得出，击中 $H_1=0.6$，$H_2=0.8$，利用公式(4-14)可计算，击中率为 $(0.6+0.8)/(0.7+0.8)=0.93$；同时，虚报 $FA_1=0$，$FA_2=0.1$，虚报率 $(0+0.1)/(0.3+0.2)=0.2$。由于漏报率 $MR=1-HR$，正确拒斥率 $CRR=1-FAR$，并不能提供新的信息，因此将不考虑这两个指标。

4.3.4 计算辨别力指标与反应倾向性指标

由 SDT 的原理，可知辨别力指标的计算公式为：

$$d' = Z(HR) - Z(FAR) = \Phi^{-1}(HR) - \Phi^{-1}(FAR) \tag{4-15}$$

式中，d' 表示每个工作人员对前兆信息的判别能力。

由式 4-15 可以看出，辨别力指标取决于被试击中的条件概率以及虚报的条件概率，因此，当 $P(H)=1$，$P(FA)=0$ 时，代表被试能够完全正确地将信号从噪音中辨别出来，这也说明信号与噪音的分布完全没有重叠，这无疑是一种理想的状态，因为被试并不能完全正确地将信号与噪音区别开来，信号与噪音的分布或多或少会有重叠。比较实际的，若 $P(H)=0.99$，$P(FA)=0.01$，通过查阅正态分布表(附录 2)，可得此时辨别力指标 $d'=4.65$，这可看做是辨别力指标 d' 的最大值。相反的，如果被试漏报所有的信号，且噪音出现时，却认为是信号出现，即 $P(H)=0.01$，$P(FA)=0.99$，通过查阅正态分布表，可得此时辨别力指标 $d'=-4.65$，这可看做是辨别力指标 d' 的最小值。因此辨别力指标 d' 的取值范围应该为

$[-4.65,4.65]$。

同样根据 SDT 原理,可知反应倾向性指标的计算公式为:

$$\beta = \frac{Y(HR)}{Y(FAR)} \tag{4-16}$$

式中,$Y(HR)$ 与 $Y(FAR)$ 分别代表击中的条件概率与虚报的条件概率在标准正态分布上所对应的纵坐标值,其表达式为

$$Y(HR) = \frac{1}{\sqrt{2\pi}} \exp^{-Z(HR)^2/2}, Y(FAR) = \frac{1}{\sqrt{2\pi}} \exp^{-Z(FAR)^2/2}。$$

工作人员对于前兆信息的反应倾向性指标需要与最优值 β_{opt} 进行比较。数学上认为,这个最优值是噪音 $P(N)$ 和信号 $P(S)$ 的可能性比率。该比率如下:

$$\beta_{opt} = \frac{P(N)}{P(S)} \tag{4-17}$$

在计算出 β 和 β_{opt} 后,这两者之间相互比较可以评判工作人员是属于冒险型还是保守型。如果 β 大于 β_{opt},则说明工作人员属于比较冒险的;如果 β 小于 β_{opt},则说明工作人员属于比较保守的。最理想的状态是 β 等于 β_{opt}。

4.4 实证分析

4.4.1 调查问卷设计及数据收集

根据第三章所分析的地铁项目运营安全风险前兆信息及第四章提出的信号检测理论,本案例研究将从人—机—环境的角度构建出可能影响地铁项目运营安全的风险情景,并设计出相应的调查问卷。通过对各风险情景危险度指标的调查,计算地铁工作人员判别前兆信息的能力。

本次调查问卷的时间是从 2010 年 3 月至 6 月,通过邮件的方式调查了南京地铁运营公司的 9 名工作人员。问卷内容包括个人基本资料及地铁工作人员对 20 个风险情景的危险度判别。在这些风险情景中部分是安全状态,部分属于前兆信息(见附录1)。针对这 20 个风险情景,4 位专家分别给出模糊概率值的语言描述。假设专家权重一致,采取算术平均法得到综合的模糊概率值。

从返回的问卷情况,可统计出被调查工作人员的基本信息,如表 4-4 所示。其中,大部分工作人员的年龄集中在 31~40 岁,工作经验为 4~6 年。这些工作人员的安全培训频次较少,78% 的人员是每年一次,且大部分经历过事故隐患。

表 4-4 被调查工作人员的基本信息统计

1) 工作人员的年龄			
类别	21～30 岁	31～40 岁	40～50 岁
所占比例(%)	33	56	11
2) 工作经验			
类别	1～3 年	4～6 年	6～9 年
所占比例(%)	11	78	11
3) 职业			
类别	调度人员	维护技术人员	安全管理人员
所占比例(%)	56	22	22
4) 安全培训频次			
类别	每年一次	每月一次	
所占比例(%)	78	22	
5) 经历安全事故及事故隐患的情况			
类别	只经历过事故隐患	经历过小的安全事故	
所占比例(%)	67	33	

4.4.2 研究结果及讨论

由前面的分析可知,通过问卷调查可获得专家及工作人员对每个风险情景危险度的语义判定。根据公式 4-9～公式 4-11,当 $k=0.5$ 时,采用解模糊法求出专家给出的 s 的代表值及工作人员给出的 r 的代表值,并获得基础数据 (s,r)。以此作为基础,计算每个工作人员对于每个风险情景的击中、漏报、虚报、正确拒斥值,即 H、M、FA、CR,以及工作人员击中的条件概率 HR 及虚报的条件概率 FAR,进而根据公式 4-15 及公式 4-16 得出地铁工作人员辨别力指标 d' 与反应倾向性指标 β。以第 1#工作人员为例,该工作人员对于调查问卷的回答以及所测定的辨别力指标 d' 及反应倾向性指标如表 4-5 所示,其中危险度判断 (s) 及是否采取措施 (r) 是将工作人员对于调查问卷的回答对应在 $[0,1]$ 范围内得到的。

表 4-5 第 1#工作人员的调查数据

问题编号	信号 (s)	反应 (r)	击中 min(s,r)	漏报 max($s-r,0$)	虚报 max($r-s,0$)	正确拒斥 min($1-s,1-r$)	$1-s$
Q1	0.825	0.9	0.825	0	0.075	0.1	0.175
Q2	0.6125	0.8	0.6125	0	0.1875	0.2	0.3875
Q3	0.1	0.8	0.1	0	0.7	0.2	0.9
Q4	0.3875	0.65	0.3875	0	0.2625	0.35	0.6125
Q5	0.725	0.8	0.725	0	0.075	0.2	0.275

(续表)

问题编号	信号 (s)	反应 (r)	击中 $\min(s, r)$	漏报 $\max(s-r, 0)$	虚报 $\max(r-s, 0)$	正确拒斥 $\min(1-s, 1-r)$	$1-s$
Q6	0.1	0.8	0.1	0	0.7	0.2	0.9
Q7	0.9	0.9	0.9	0	0	0.1	0.1
Q8	0.575	0.65	0.575	0	0.075	0.35	0.425
Q9	0.9	0.65	0.65	0.25	0	0.1	0.1
Q10	0.85	0.8	0.8	0.05	0	0.15	0.15
Q11	0.875	0.9	0.875	0	0.025	0.1	0.125
Q12	0.15	0.5	0.15	0	0.35	0.5	0.85
Q13	0.7625	0.65	0.65	0.1125	0	0.2375	0.2375
Q14	0.2375	0.35	0.2375	0	0.1125	0.65	0.7625
Q15	0.8	0.65	0.65	0.15	0	0.2	0.2
Q16	0.425	0.5	0.425	0	0.075	0.5	0.575
Q17	0.125	0.35	0.125	0	0.225	0.65	0.875
Q18	0.875	0.8	0.8	0.075	0	0.125	0.125
Q19	0.2375	0.65	0.2375	0	0.4125	0.35	0.7625
Q20	0.1	0.5	0.1	0	0.4	0.5	0.9
Total	10.5625		9.925		3.675		9.4375

$$HR = \sum(H_i)\Big/\sum(s_i) = 9.925/10.5625 = 0.9396; \quad FAR = \sum(FA_i)\Big/\sum(1-s_i) = 3.675/9.4375 = 0.3894$$

$$d' = \Phi^{-1}(HR) - \Phi^{-1}(FAR) = 1.55 - (-0.28) = 1.83; \quad \beta = \frac{Y(HR)}{Y(FAR)} = 0.1200/0.3836 = 0.3128$$

经过计算,该工作人员击中的条件概率为0.9396,虚报的条件概率为0.3894,该工作人员的辨别力$d'=1.83$,反应倾向性$\beta=0.3128$。运用同样的方法,可得出其他八位工作人员对前兆信息的辨别力及反应倾向性结果,如表4-6所示。表4-6展示了不同k值(k取0,0.5及1)的情况下,每一个被调查人员的辨别力及反应倾向性结果。

表4-6 被调查工作人员对前兆信息的辨别力d'及反应倾向性β($k=0, 0.5, 1$)

工作人员	d'			β		
	$k=0$	$k=0.5$	$k=1$	$k=0$	$k=0.5$	$k=1$
1	1.83	1.83	1.81	0.2293	0.3128	0.4155
2	1.89	1.95	1.98	1.2661	1.5505	1.9227
3	1.50	1.54	1.47	1.0151	1.2030	1.3318
4	1.79	1.79	1.76	0.8141	0.9734	1.1514
5	2.36	2.34	2.32	0.1089	0.1503	0.1970
6	1.81	1.77	1.71	0.4081	0.5058	0.6143
7	1.43	1.51	1.54	0.9379	1.1370	1.3817
8	2.13	2.18	2.22	0.6324	0.6754	0.7170
9	2.45	2.49	2.51	0.4402	0.4921	0.5405

根据前文的描述,辨别力指标 d' 的取值范围为$[-4.65,4.65]$。设定该取值范围中 60%以下为辨别力低者,60%~80%为辨别力中者,80%及以上为辨别力高者,因此,辨别力指标 d' 取值为$[-4.65,0.93]$者为低辨别力者,取值为$(0.93,2.79]$者为中辨别力者,取值为$(2.79,4.65]$者为高辨别力者。

通过分析可以看出,所调查 9 位工作人员的辨别力指标值均位于$(0.93,2.79]$区间内(图 4-5),因此他们的辨别力为中等,即对前兆信息的判别能力还可以,但仍存在一定的提高空间。同时,当 k 变化时,辨别力指标值并没有明显的改变。

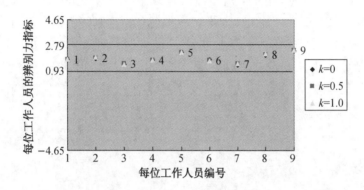

图 4-5 不同 k 值情况下工作人员对前兆信息的辨别力指标值

对于反应倾向性指标的分析可以看出,当 k 变化时,β 的变化幅度比较大,但其并不影响对结果的判断,因为其优化指标 β_{opt} 也在变化。当 $k=0$、0.5、1 时,β_{opt} 分别为 0.7021、0.8935、1.1333。从图 4-6 中可以看出,5 位工作人员的反应倾向性指标 β 小于 β_{opt},属于保守型,即判断阈值 X_c 较低,工作人员较容易做出危险判断;4 位工作人员的反应倾向性指标 β 大于 β_{opt},属于冒险型,即判断阈值 X_c 较高,工作人员不会轻易做出危险判断,更多情况下认为是安全的。同时,由于第二、第五个工作人员的反应倾向性指标 β 离优化值非常远,因此需要对他们加强相应的安全培训。

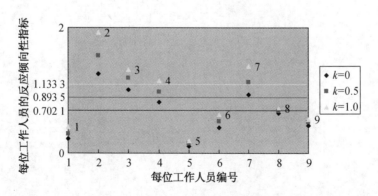

图 4-6 不同 k 值情况下工作人员对前兆信息的反应倾向性指标值

4.5 本章小结

本章首先阐述了 SDT 的基本原理,提出辨别力指标 d' 及反应倾向性指标 β 是 SDT 的两个基本指标,并表明 SDT 的应用已不局限于传统的领域,目前已广泛用于社会科学领域。其次,运用模糊集(fuzzy sets)理论对前兆信息进行模糊定义,当工作人员对前兆信息的判别不再局限于"yes/no"的时候,SDT 就可以结合模糊集理论来分析工作人员的判别能力。在此基础上,提出运用 SDT 计算工作人员对前兆信息的判别能力的过程:选择模糊语言隶属函数、运用隐藏函数、计算击中率及虚报率、计算辨别力指标 d' 与反应倾向性指标 β。最后,利用对南京地铁工作人员的调研数据,基于 SDT 方法对工作人员的辨别力指标和反应倾向性指标进行了测度。实证结果表明,信号检测方法很好地区分出了工作人员对前兆信息的判别能力,对提高地铁项目的运营安全绩效具有重要意义。

第五章 基于案例推理的地铁项目运营安全风险识别

根据前面对安全风险的定义:"特定范围的地铁系统在将来一定时期内,可能出现的由人、设备、环境造成该系统内不确定对象的人身伤亡或财产损失的一种未来情景",可知风险识别就是对这种"未来情景"的诊断。传统的风险识别依赖于企业安全管理人员的经验,这种风险识别的效率和结果将受到个人风险态度的影响;另外,要么是缺乏经验,要么是缺乏时间,这样的风险识别经常会失败[194]。为解决这个潜在问题,人工智能是一个很好的方法之一。尽管人工智能还不能代替人类的判断,但却能很好地提高风险识别的效率。本章将从前兆信息出发,利用人工智能方法——案例推理,对地铁项目运营安全风险进行识别。

5.1 基于案例推理的风险识别系统构建

人工智能方法虽然有很大的优势,但是目前利用该方法进行风险识别还是比较缺乏[195]。专家系统是人工智能领域中常用的方法,其基本的推理方法是基于规则的推理。但规则推理有明显的限制:规则难以获取、专业知识难以清楚表达、程序设计者无法清楚了解问题。为了避免发生上述问题,有了案例推理方法的诞生,利用案例来取代规则。Balducelli and D'Esposito[196]开发了一套人工智能的方法,提出了基于案例推理(CBR)、遗传算法和数值模拟来进行火灾事件的风险管理和计划。Mendes[197]针对近海岸的设计,利用案例推理(CBR)的方法研究设计风险。Goh 和 Chua[198]在研究建设安全风险识别的时候,提出了利用过去案例的记录帮助识别目前的风险。虽然这些研究没有表明提高风险识别的效率和质量有多重要,但是可以看出 CBR 和人工智能方法有潜力来提高风险识别的效率和质量。

地铁系统在长期的运营过程中会积累大量的事故案例,如果能够充分利用过去的案例进行识别,将会具有很大的实际意义和可操作性。基于案例推理作为人工智能中的一个新兴领域,是一种典型的利用先前实例经验进行推理的新问题求解机制[199],非常适用于没有确定模型而需要丰富经验的决策环境。

5.1.1 案例推理的基本原理

案例推理的基本概念是指在解决问题的过程中,当决策者遭遇新问题时,充分运用过去的经验,运用相似性对比,寻求以过去的经验模式作为解决问题的思考方向与解决方式,或是针对过去的案例再做进一步的修正,以运用到目前的行为[200]。

基于案例的推理方法是由耶鲁大学的 Schank 教授在 1982 年出版的专著《dynamic memory:a theory of reminding and learning in computers and people》中提出[201],是人工智能领域一项重要的推理方法。随后,Aamodt 在 1994 年提出了著名四阶段 CBR 循环,即案例检索、复用、修正和保存[202]。Aha[203]认为,对提取案例有困难的应用领域,可通过"案例工程"来确定案例所必须包含的信息,并从数据中提取信息。这为解决操作风险案例的表示问题提供了参考。根据定义可知案例推理的基本原理:使用以往对类似问题的求解经验,即案例,来进行推理以求解当前问题。在这种求解问题的方法中,人们将过去对问题的求解案例按一定的组织方式存储在案例库中,当用户输入待求解的新问题时,系统首先对案例库进行搜索,从中寻找待求解问题或近似于待求解问题的案例。如果找到的案例与待求解问题的描述完全一致,则将找到的案例中对问题的解输出;否则,根据对待求解问题的描述,对检索出来的案例进行修改,以产生一个符合待求解问题要求的解决方案并将其输出。同时将这个问题及其求解作为一个新的案例再存储到案例库中,为今后解决问题服务。因此,在以后系统求解过程中,便可利用案例库中所有已知的案例,而不必每次都从头开始。将上述过程简化一下,就可得到案例推理方法的工作流程图(图 5-1)。

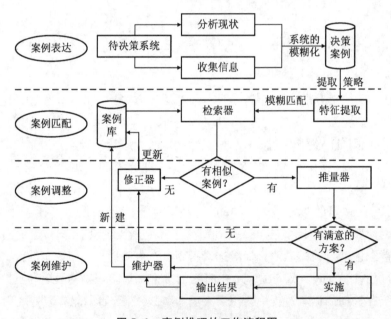

图 5-1 案例推理的工作流程图

简而言之,基于案例的推理就是通过检索案例库中与当前问题相类似的案例并进行一系列的修改给当前问题提供解的一种推理模式。从推理方法角度,案例推理是从一个案例(旧案例)到另一个案例(新问题)的类比推理;从认识过程角度,案例推理是基于记忆,利用过去的经验来指导问题求解的一种方法。CBR 方法能有效地解决知识表达困难或者难以建模而经验丰富的领域问题,而且它充分模仿人类的思维方式,快速准确地分析所要解决的具体问题,非常适用于需要借鉴以往经验的情况。

5.1.2 基于案例推理的地铁项目运营安全风险识别系统架构

本书设计的系统(图 5-2)是以前兆信息作为依据,分析系统现状与以往发生的事故案例的相似性,进而提供相似事故的危险情况,对系统现状的安全风险进行识别。该系统可收集各类地铁项目运营事故数据,首先将已发生的事故前兆信息进行知识表示,并存储于案例库中;再将系统现状进行前兆信息的分析,利用案例检索的方法,进行相似案例的匹配,识别出系统目前可能存在的风险情况。

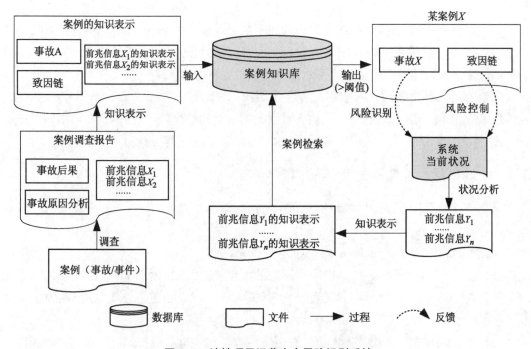

图 5-2 地铁项目运营安全风险识别系统

结合案例推理的方法,设计地铁项目运营安全风险识别系统工作流程如下:

(1)针对一个特定的地铁项目,建立运营安全事故案例库。利用框架法对每个案例的情况进行表示,尤其是对前兆信息的分析及其子概念的知识表示,并将旧案例进行事故分类。

(2)通过对系统当前前兆信息的监测,输入当前前兆信息的情况,以特征标识和文字信息描述的形式进行表达。

(3)检索案例库,通过适当的检索策略及相似度的计算找到与系统当前情况较相似的案例。根据相似案例的事故类型,判断出当前系统可能会出现与该类事故相似的风险。

(4)专家根据案例知识库和领域知识,对识别结果进行判断和验证,得出最终结果,并对系统现状进行风险控制。

从图 5-2 中可看出,新构建的地铁项目安全风险识别系统最核心的部分是案例知识库。一方面,通过对过去案例的调查分析,可获得该事故/事件发生的原因、后果,并从原因中提取相关的前兆信息,形成一个完整的案例调查报告,该调查报告在经过"知识表示"这一过程后就可存储于案例知识库中;另一方面,针对系统当前的状况,可进行前兆信息分析及相应的"知识表示",并基于已存在的案例知识库,进行"案例检索",实现风险识别和风险控制的目标。在这个过程中,"知识表示"和"案例检索"是案例推理方法的核心内容,也是风险识别的关键所在。

5.2 案例表示

知识是智能的基础,需要用适当的模式表示出来才能存储到计算机中。CBR系统所依赖的最重要的知识存储在案例中,因此设计基于CBR的风险识别系统的首要任务就是将过去的事故信息及系统目前的信息合理有效地表示成案例的形式。

在基于案例推理的过程中,案例表示是指选择什么样的信息作为案例的描述,以及描述的结构形式是怎么样的。它包括案例的内容及案例的索引两部分,案例的内容一般由问题或情景描述、解决方案和结果三个主要的部分组成;索引与案例的组织结构以及检索有关。

5.2.1 地铁项目运营事故案例的内容

根据地铁项目运营安全风险识别过程中所需搜集的信息,一个具体的事故案例应包括以下内容:

(1) 案例编号:给每个事故案例一个唯一的编号。

(2) 案例类别:为了有效地组织案例库中的案例,方便进行索引和检索,对案例根据其事故类别(参考第二章的地铁项目运营安全风险事件的分类表)进行归类,在案例中加入表示其所属类别的属性。

(3) 案例特征属性:本书将案例特征属性分为基本属性和前兆信息属性,其中基本属性与风险识别结果无明显的因果关系,仅用来更加全面地对案例进行描述,包括事故发生的时间、地点等。前兆信息属性是在推理过程中起重要作用、与识别结果有因果关系的属性,具体包括以下内容:人员相关的前兆信息属性,设备相关的前兆信息属性,环境相关的前兆信息属性。

(4) 风险识别结果:即该系统可能面临的风险情况。

5.2.2 地铁项目运营事故案例的表示

案例的表示方法并不是新出现的技术,而是借鉴人工智能领域的多种知识方法,如剧本表示法、框架表示法、谓词逻辑表示法、语义网络表示法、自然语言表示法、面向对象表示法等对案例进行表示。目前常用的案例表示方法有面向对象的表示方式以及面向框架的表示方法。由于面向框架的表示方法提供了描述组合对象的方式,可以将案例的子部分作为一个独立完整的案例进行处理,它们可以被存储、检索或用来解决新案例的子问题,同样,可以用在案例库中检索出的多个案例来共同解决一个新问题。因此本书中的案例表示采用框架表示法。

框架是一种结构化表示法。框架通常由描述事物的各个方面的槽组成,每个槽可以拥有若干个侧面,而每个侧面又可以拥有若干个值。这些内容可以根据具体问题的具体需要来取舍,框架的一般结构如表5-1所示。

表5-1　框架的一般结构

<框架名>					
<槽1>	<侧面11>	<值111> …	<侧面12>	<值121> …	
<槽2>	<侧面21>	<值211> …			
……					
<槽n>	<侧面$n1$>	<值$n11$> …	<侧面nm>	<值$nm1$> …	

在事故案例中,框架中的槽记录事故案例的属性内容,其表现形式如表5-2所示。槽4中的案例前兆信息属性是事故案例的核心内容,其取值通常有两种类型:一种是用具体的数值描述的定量数据,如温度为35℃;另一种是用文字描述的无序枚举型数据,如地铁员工的不安全行为的前兆可能有:缺乏经验、自身能力限制、操作失误等。对于定量数据,在风险识别过程中,总是考虑其值是否超出一定的界限,同时也为了与无序枚举型数据能够统一处理,可将其离散化,并主要考虑其出现异常时的状况。

表5-2　事故案例的框架表示

框架名	侧面值示例
槽1:案例编号	C1-1
槽2:案例类别	事件类别 如:车辆事故
槽3:案例基本属性	侧面3-1:事故发生的时间 如:2009年6月22日下午4点58分(美国时间)
	侧面3-2:事故发生的地点 如:华盛顿地铁
槽4:案例前兆信息属性	侧面4-1:人员相关的前兆信息 如:司机自身能力的限制,组织违规,管理疏忽
	侧面4-2:设备相关的前兆信息 如:轨旁ATO子系统故障
	侧面4-3:环境相关的前兆信息 如:无
槽5:风险识别结果	风险事件 如:两列车碰撞事故

案例的索引对于检索或回忆出相关的有用案例非常重要,当给定一个新的案例时,可以根据索引找到相关的案例。建立案例索引首先要考虑是否有利于将来的案例检索,其次案例索引应当有一定的抽象或泛化性,以便于灵活处理可能遇到的各种问题,同时也要方便识别。陈铭[204]在案例推理研究中,归纳出索引的四个条件,也就是当索引符合这四个条件,该索引方会成立,此四个条件为:(1)此索引具有可搜寻性;(2)具有指出案例的用途,以及可使用的面向;(3)在未来案例库扩充时,具有足够的萃取性;(4)未来使用时能够很具体地被使用者所了解。在地铁项目运营安全风险的识别系统中,前兆信息与安全风险是紧密相关

的,是风险识别的重要因素。在3.2节中,地铁系统的前兆信息体系已经构建,且国外已有研究组开始使用和监控前兆信息,因此,前兆信息必然可以作为案例的索引。

本书中的案例索引过程主要是将案例对应的槽4(即案例前兆信息属性)的各个侧面相互比较,然后综合所有的侧面比较结果就可以得到两个案例之间的相似程度的数量值。在这个比较的过程中,可以为每一个侧面赋予不同的权值,权值的大小可依据侧面对案例结果的重要性来决定,这种加权的相似性算法能够更准确地比较两个案例的相似性。

5.2.3 前兆信息的权值计算方法

对风险识别的结果表明,不同的前兆信息对同一个风险的重要性不同,相同的前兆信息对不同的风险重要性也不同。可以把这些前兆信息分为典型前兆信息和非典型前兆信息两种。典型前兆信息对风险识别具有重要意义,是风险识别的重要依据。非典型前兆信息往往是附带出现的,在很多风险事件中都会或多或少、或轻或重地出现,对风险识别有辅助作用,可以用前兆信息的权值来表示其对风险识别的重要程度。

前兆信息的权值可以由地铁运营安全专家根据自己的经验人为地确定,也可以由专家系统自动学习得到。前者的方法易于实现且快捷方便,但其缺点是不可避免地会受专家主观意识的影响。为了使权值更客观准确地反映前兆信息对风险识别结果的影响,采用一种基于概率统计的权值计算方法从案例库中学习各前兆信息的权值。

根据概率统计理论的观点,如果前兆信息 p 在所有事故类别 d 的案例集 CASE 中出现的频率高,那么前兆信息 p 的出现对识别风险事件 d 就重要,反之,频率低则该前兆信息对识别这种风险的重要性就低。因此在某类风险的案例集中,各前兆信息出现的次数不尽相同,假设前兆信息 p_1 出现 10 次,p_2 出现 2 次,p_3 出现 1 次,则说明对于识别该类风险事件,前兆信息 p_1 的重要性大于 p_2,p_2 的重要性大于 p_3,表现在权值上即权值 $wp_1 > wp_2 > wp_3$。具体的权值计算方法如下:

步骤1:根据案例的类别(即风险事件类别 r_i)对全体案例集 CASE 进行分类,形成 n 个案例子集 $CASE_{r_1}$,$CASE_{r_2}$,…,$CASE_{r_i}$,…,$CASE_{r_n}$。

$$CASE = \{CASE_{r_1}, CASE_{r_2}, \cdots, CASE_{r_i}, \cdots, CASE_{r_n}\}$$

步骤2:对每一个案例子集 $CASE_{r_i}$ 中的每一个案例 c_j 用公式5-1计算其各个前兆的权值。

$$\omega(c_j, p_k) = \frac{T(p_k)}{\sum_{m=1}^{|p_{c_j}|} T(p_m)} \tag{5-1}$$

式中,$\omega(c_j, p_k)$ 是前兆 p_k 在案例 c_j 中的权值,$T(p_k)$ 是案例子集 $CASE_{r_i}$ 中前兆 p_k 出现的总次数,$\sum_{m=1}^{|p_{c_j}|} T(p_m)$ 是案例 c_j 中所有前兆信息在案例子集中出现的次数之和。$|p_{c_j}|$ 是案例 c_j 中前兆的个数。

5.3 案例检索

案例的检索和选择是 CBR 系统的一个关键步骤,也是 CBR 系统技术实现研究的第一个热点问题。案例检索结果的优劣直接影响着案例的重用与修改以及系统的好坏。案例检索包括特征辨识、初步匹配和最佳选定三个过程。特征辨识是对问题进行分析,以提取有关特征;初步匹配是从案例库中找到一组与当前问题相关的候选案例;最佳选定是从初步匹配过程中获得的一组候选案例中选取一个或几个与当前问题最相关的案例。

在检索的匹配算法方面,目前比较通用的有最相邻算法和归纳式资料检索。最相邻算法实际是通过累加目标案例与案例库中案例的每个域的相似度值来确定总的相似度,然后把超过相似度阈值的案例返还给用户。它的计算公式为:

$$\text{Sim}(C_i) = \sum_{j=1}^{m} w_j \text{Sim}(C_{ij}) \tag{5-2}$$

其中,$\text{Sim}(C_i)$ 表示第 i 个旧案例与问题案例的综合相似度,w_j 为第 j 个属性或特征在参与匹配检索的属性或特征指标中所占的权重,且所有权重取值之和为 1,权重可以通过专家评价法、概率分析法、层次分析法等方法确定。$\text{Sim}(C_{ij})$ 表示第 i 个旧案例的第 j 个属性指标与问题案例的第 j 个属性指标的相似度,它的计算根据不同的领域有不同的计算方法。一般情况下,这些计算方法包括分类树方法(Empolis Knowledge Management)、使用表或规则,以及对分属性或分概念的评价。本书在分概念方法的基础上提出了一个新的方法。这个方法首先要建立前兆信息的语义网络,每个语义网包括分概念,这些分概念能够描述前兆信息的知识网络;然后利用已构建的语义网络来计算两个前兆信息的相似度。

5.3.1 前兆信息语义网络的构建

语义网络是 Quillian 于 1968 年在他的博士论文中作为人类联想记忆的一个心理学模型最先提出来的。它是由一组节点和连接各节点的弧组成的有向图,其中节点表示事物、对象、属性、概念、动作、状态等;弧表示节点间的语义联系。语义网络可以描述事物间多种复杂的关系,如类属关系(ISA)、推论关系(AKO)、聚类关系(As part of)、时间关系(Before,after,at)、位置关系(Located on)等。语义网络是一种结构化的知识表达方式,在人工智能中应用广泛。

从风险的形成机理来看,前兆信息是风险识别的重要信息,也是事故预防最重要的突破口。但是由于地铁系统庞大,可能发生的风险事件种类颇多,因此相关的前兆信息数量就会更多。如果用单纯的文字匹配的方法查询前兆信息,得到相似结果之间的稀疏度会非常大。例如:"司机的经验不足"和"司机缺乏资质"这两个前兆信息在文字匹配上是不相关的,却有很高的相似性。根据人因分析及分类系统可知,这两个概念在层次结构上都属于"司机自身能力的限制",可能会导致同类风险事件的发生。本书以人员相关的前兆信息为例,构建前兆信息语义网络(图 5-3),该网络能更直接地表达出前兆信息的结构特点,并且可以从语义层面理解前兆信息之间的联系。

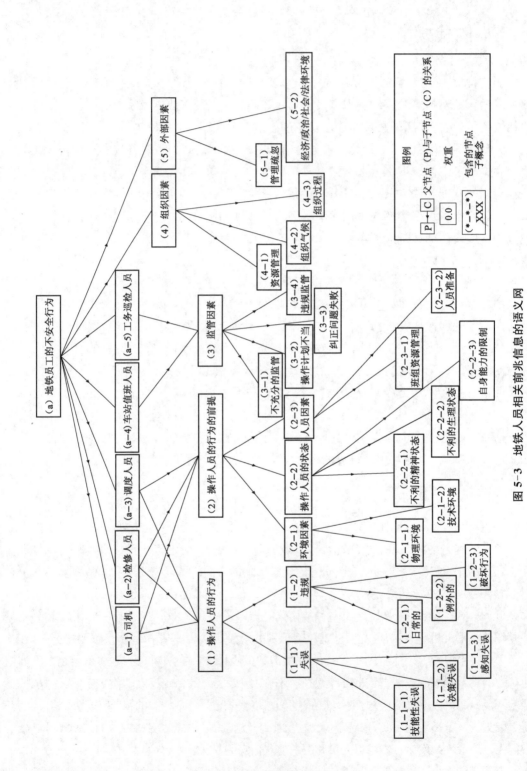

图 5-3 地铁人员相关前兆信息的语义网

5.3.2 概念相似度的计算方法

5.3.2.1 一般的相似度计算方法

相似度计算在概念图(Conceptual Graph)知识表示以及信息检索领域中研究较多,其中概念图是用来表现文本的内容。假设有两个概念图 G_1、G_2,它们的交为 $G_c = G_1 \cap G_2$,如图 5-4 所示。可以定义概念图的相似度 S,包括概念相似度 S_c 和关系相似度 S_r。其中概念相似度 S_c 的计算公式为:

$$S_c = \frac{2n(G_c)}{n(G_1) + n(G_2)} \tag{5-3}$$

式中,$n(G_1)$、$n(G_2)$、$n(G_c)$ 分别代表图 G_1、G_2、G_c 中概念的节点数。

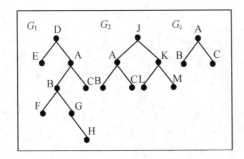

图 5-4　图 G_1、G_2 及其相交的部分 G_c　　图 5-5　图 G_1、G_2 关系相似度计算

根据图 5-4 所示,利用公式 5-3 可得,$n(G_1) = 8$,$n(G_2) = 7$,$2n(G_c) = 6$,因此,G_1、G_2 概念相似度为:

$$S_c = \frac{6}{8+7} = 0.4$$

另外,关系相似度 S_r 的计算公式为:

$$S_r = \frac{2m(G_c)}{m_{G_c}(G_1) + m_{G_c}(G_2)} \tag{5-4}$$

式中,$m(G_c)$ 表示图 G_c 的边数;$m_{G_c}(G_1)$、$m_{G_c}(G_2)$ 分别表示图 G_1、G_2 中至少一端与图 G_c 相连的边数,这种关系相似度的计算方法主要是从图的结构来计算。

根据图 5-5 所示,利用公式 5-4 可得,$m_{G_c}(G_1) = 5$,$m_{G_c}(G_2) = 3$,$2m(G_c) = 4$,因此,G_1、G_2 关系相似度为:

$$S_r = \frac{4}{5+3} = 0.5$$

5.3.2.2 改进的相似度计算方法

陈铭[204]在概念图的基础上,提出了相似度的计算方法。设 t_1 和 t_2 是两个概念或者特性,$\mathrm{Sim}(t_1, t_2)$ 表示这两个概念之间的相似程度,则有公式:

$$\text{Sim}(t_1, t_2) = \sum_{i=1}^{n} \delta_i(t_1, t_2)\theta_i \tag{5-5}$$

式中，n 是概念 t_1、t_2 在已构建的语义网中具有的最大深度；θ_i 是权重（可简单取 $\theta_i = \dfrac{1}{n}$）；$\delta_i(t_1, t_2)$ 取值定义如下：

$$\delta_i(t_1, t_2) = \begin{cases} 1 & \text{当 } t_1\text{、}t_2 \text{ 前 } i \text{ 个父类子概念相同时} \\ 0 & \text{当 } t_1\text{、}t_2 \text{ 前 } i \text{ 个父类子概念不同时} \end{cases}$$

根据实际需要，可以对上述公式中的权值进行调整。

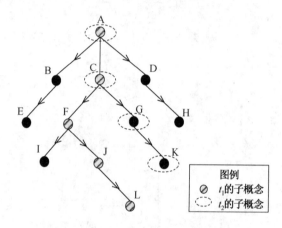

图 5-6　语义网中概念 t_1、t_2 的子概念

从图 5-6 中可看出，概念 t_1 在已构建的语义网中的深度是 5，概念 t_2 在语义网中的深度是 4，运用公式 5-5，最大深度 $n = 5$，$\theta = \dfrac{1}{5}$，同时 t_1、t_2 前两个父类子概念相同，因此概念 t_1、t_2 的相似度为：

$$\text{Sim}(t_1, t_2) = \sum_{i=1}^{n} \delta_i(t_1, t_2)\theta_i = \dfrac{2}{5} = 0.4$$

Goh[198]研究了基于案例推理的施工危险源识别，并对计算案例相似度的方法进行了改进，将上述公式中简单取值为 $\dfrac{1}{n}$ 的权重 θ_i 进行了调整，具体操作是在概念图的基础上，给图中的不同代码赋予不同的权重，从第一层次到第五层次，代码权重递减，其值分别为 0.5，0.4，0.3，0.2，0.1。同时，该研究对 t_1 和 t_2 的相似度公式也进行了调整，$\text{Sim}(t_1, t_2)$ 仍表示这两个概念之间的相似程度，其计算公式为：

$$\text{Sim}(t_1, t_2) = \sum_{i=1}^{a} \theta_{ci} \Big/ \Big(\sum_{i=1}^{a} \theta_{ci} + \sum_{j=1}^{b} \theta_{dj} \Big) \tag{5-6}$$

式中，a 表示 t_1 和 t_2 中相同的子概念总数；b 表示 t_1 和 t_2 中不相同的子概念总数；θ_{ci} 表示第 i 个相同子概念的权重，θ_{dj} 表示第 j 个不相同子概念的权重。

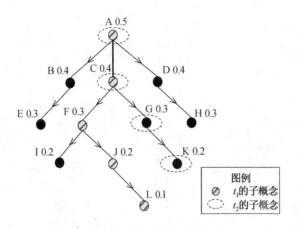

图 5-7　赋权语义网中概念 t_1、t_2 的子概念

从图 5-7 中可看出，概念 t_1 在已构建的语义网中的深度是 5，概念 t_2 在语义网中的深度是 4，运用公式 5-6，t_1 和 t_2 中相同的子概念总数 $a=2$，t_1 和 t_2 中不相同的子概念总数 $b=5$，按照赋权语义网的计算公式，概念 t_1、t_2 的相似度为：

$$\begin{aligned}
\text{Sim}(t_1,t_2) &= \sum_{i=1}^{a}\theta_{ci} \Big/ \Big(\sum_{i=1}^{a}\theta_{ci}+\sum_{j=1}^{b}\theta_{dj}\Big) \\
&= \frac{0.5+0.4}{(0.5+0.4)+(0.3+0.2+0.1+0.3+0.2)} \\
&= \frac{0.9}{0.9+1.1} = 0.45
\end{aligned}$$

从概念相似度的计算方法和过程来看，概念相似度的基本流程如图 5-8 所示。

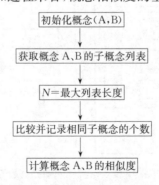

图 5-8　概念相似度计算过程

5.3.3　地铁项目运营事故案例综合相似度计算

通过案例表示建立起与人相关的前兆信息、设备相关的前兆信息及环境相关的前兆信息的相互关联，采用前兆信息的语义网络反映实际应用中的逻辑关系，构成便于知识共享和应用的体系结构，相应的知识层次及相互关系如图 5-9 所示。

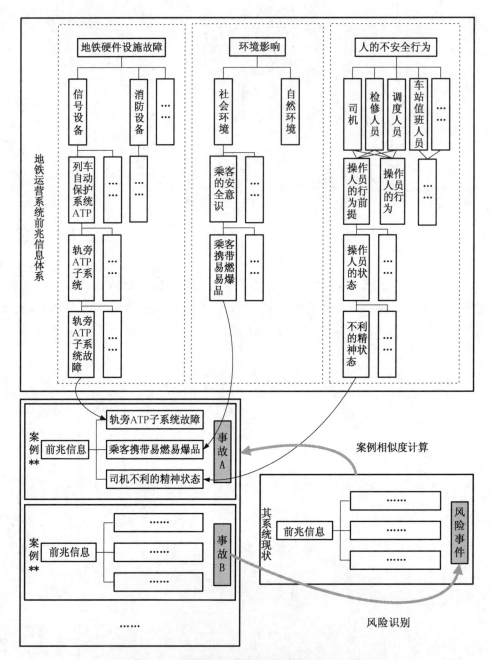

图 5-9 地铁项目运营案例的前兆信息知识体系

相似度的计算有两个层次：局部相似度和综合相似度。局部相似度涉及旧案例与问题案例中每个前兆信息之间的比较，而综合相似度考虑的是旧案例与问题案例之间的相似程度。地铁项目案例之间的相似度是基于多个前兆信息的相似度表达，表达方法为，设案例 C_1 和 C_2，C_1 有 n 个前兆 $p_1, p_2, \cdots, p_i, p_n$；$C_2$ 有 m 个前兆 $p_1, p_2, \cdots, p_j, p_m$；同时 $n \geqslant m$；案例 C_1 和 C_2 的相似度表示如下：

$$\text{Sim}(C_1, C_2) = \sum_{x=1}^{m} \sum_{y=1}^{n} \text{Sim}(p_x, p_y) w_x \tag{5-7}$$

式中，$\text{Sim}(C_1, C_2)$ 表示案例 C_1 和案例 C_2 的综合相似度，且当案例 C_2 的第 x 个前兆信息 p_x 与案例 C_1 的 n 个前兆信息（即 $p_1, \cdots, p_n$）进行相似度计算的时候，取其中的最大值为有效值。w_x 为前兆信息 p_x 的有效值在参与计算案例相似度中所占的权重，这里取 $w_x = \dfrac{1}{n}$。$\text{Sim}(p_x, p_y)$ 表示案例 C_1 的第 x 个前兆 p_x 和案例 C_2 的第 y 个前兆 p_y 的相似度，它的计算方法如公式 5-8 所示：

$$\text{Sim}(p_x, p_y) = \sum_{i=1}^{a} \theta_{ci} \Big/ \Big(\sum_{i=1}^{a} \theta_{ci} + \sum_{j=1}^{b} \theta_{dj}\Big) \tag{5-8}$$

式中，a 表示前兆 p_x 和 p_y 中相同的子概念总数；b 表示 p_x 和 p_y 中不相同的子概念总数；θ_{ci} 表示第 i 个相同子概念的权重，θ_{dj} 表示第 j 个不相同子概念的权重。

案例之间的相似度实现算法如图 5-10 所示。

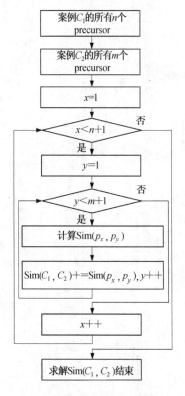

图 5-10　地铁案例相似度算法流程

5.3.4　验证案例推理方法的有效性

为了验证将案例推理方法用于安全风险识别的有效性，本书采用了第三章中分析的华盛顿地铁碰撞事故案例、上海地铁碰撞事故案例及韩国大邱地铁火灾事故案例进行事故相似度分析。

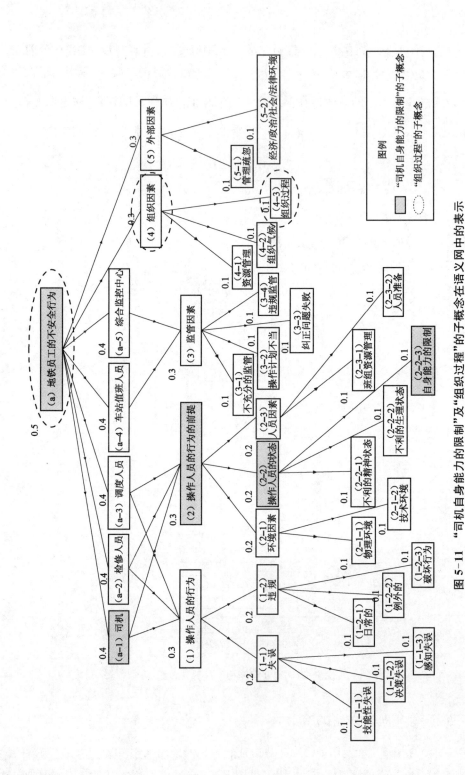

图 5-11 "司机自身能力的限制"及"组织过程"的子概念在语义网中的表示

在计算前兆信息的局部相似度时,为了区分特定前兆信息子概念的特殊性和重要性,必须给不同子概念分配权重。其权重的分配范围可设为 0.1~0.5,设立权重的原则为"节点越高(越靠近根节点)的子概念对概念相似度的结果影响越高,则赋予高权重"。图 5-11 展示了人员相关的前兆信息的子概念权重,这个权重可看做是一个子概念匹配后的增加相似度。

根据第三章对华盛顿地铁事故案例、上海地铁事故案例及韩国大邱地铁火灾事故的分析,事故的前兆信息如表 5-3。按照"人员相关的前兆信息的语义网络"的形式,案例(C1-1)的第一个前兆信息"司机自身能力的限制"和案例(C1-2)的第一个前兆信息"组织过程",即"组织违规"可以分别在语义网中进行表示(如图 5-11)。

表 5-3 案例的前兆信息

案 例 号	前 兆 信 息
案例 1 华盛顿地铁两车碰撞事故(C1-1)	司机自身能力的限制
	组织违规
	管理疏忽
	轨旁 ATO 子系统故障
案例 2 上海地铁两车碰撞事故(C1-2)	组织违规
	管理疏忽
	车载 ATO 子系统故障
案例 3 韩国大邱地铁火灾事故(F1-1)	乘客恶意行为
	消防装置不充分
	不充分的监管

图 5-11 中,相同的子概念总数为 1,其权重为 0.5;不相同的子概念总数为 6,其权重分别为 0.4,0.3,0.2,0.1,0.3,0.1。参考本书所提出的前兆相似度计算公式 5-8,案例(C1-1)的第一个前兆信息"司机自身能力的限制"和案例(C1-2)的第一个前兆信息"组织违规"的相似度计算结果为:

$$\text{Sim}(司机自身能力的限制,组织违规) = \sum_{i=1}^{a} \theta_{ci} / (\sum_{i=1}^{a} \theta_{ci} + \sum_{j=1}^{b} \theta_{dj})$$

$$= \frac{0.5}{0.5 + (0.4 + 0.3 + 0.2 + 0.1 + 0.3 + 0.1)}$$

$$\approx 0.28$$

参考"相似度算法流程图",根据"人员相关前兆信息"及"硬件设备相关前兆信息"的语义网络,利用同样的思路可计算出案例(C1-1)和案例(C1-2)的各个前兆信息之间的相似度,即局部相似度,如表 5-4 所示。运用公式 5-7,取前兆信息"组织违规"局部相似度的有效值为 1.00,"管理疏忽"局部相似度的有效值为 1.00,"车载 ATO 子系统故障"局部相似度的有效值为 0.67。由于 $n=4, m=3$,因此权重 $w=1/4$,最后计算出两案例的相似度为 0.67。

表 5-4　案例(C1-1)与案例(C1-2)之间的相似度

前兆信息的类别	案例的前兆信息		局部相似度		
	案例 C1-1	案例 C1-2	局部相似度	权重	×权重
循环一：					
a. 员工的不安全行为	*司机自身能力的限制	*组织违规	0.26		
a. 员工的不安全行为	*组织违规	*组织违规	1.00	1/4	0.25
a. 员工的不安全行为	*管理疏忽	*组织违规	0.38		
b. 硬件设施故障	*轨旁 ATO 子系统故障	*组织违规	0.00		
循环二：					
a. 员工的不安全行为	*司机自身能力的限制	*管理疏忽	0.26		
a. 员工的不安全行为	*组织违规	*管理疏忽	0.38		
a. 员工的不安全行为	*管理疏忽	*管理疏忽	1.00	1/4	0.25
b. 硬件设施故障	*轨旁 ATO 子系统故障	*管理疏忽	0.00		
循环三：					
a. 员工的不安全行为	*司机自身能力的限制	*车载 ATO 子系统故障	0.00		
a. 员工的不安全行为	*组织违规	*车载 ATO 子系统故障	0.00		
a. 员工的不安全行为	*管理疏忽	*车载 ATO 子系统故障	0.00		
b. 硬件设施故障	*轨旁 ATO 子系统故障	*车载 ATO 子系统故障	0.67	1/4	0.17
			GSS		=0.67

同理，可计算出案例(C1-1)和案例(F1-1)的各个前兆信息之间的局部相似度，如表 5-5 所示。前兆信息"乘客恶意行为"及"消防装置不充分"的局部相似度为 0.00，"不充分的监管"局部相似度的有效值为 0.29。由于 $n=4, m=3$，因此权重 $w=1/4$，最后计算出两案例的相似度为 0.07。

表 5-5　案例(C1-1)与案例(F1-1)之间的相似度

前兆信息的类别	案例的前兆信息		局部相似度		
	案例 C1-1	案例 F1-1	局部相似度	权重	×权重
循环一：					
a. 员工的不安全行为	*司机自身能力的限制	*乘客恶意行为	0.00		
a. 员工的不安全行为	*组织违规	*乘客恶意行为	0.00		
a. 员工的不安全行为	*管理疏忽	*乘客恶意行为	0.00		
b. 硬件设施故障	*轨旁 ATO 子系统故障	*乘客恶意行为	0.00		

(续表)

前兆信息的类别	案例的前兆信息		局部相似度		
	案例 C1-1	案例 F1-1	局部相似度	权重	×权重
循环二：					
a. 员工的不安全行为	*司机自身能力的限制	*消防装置不充分	0.00		
a. 员工的不安全行为	*组织违规	*消防装置不充分	0.00		
a. 员工的不安全行为	*管理疏忽	*消防装置不充分	0.00		
b. 硬件设施故障	*轨旁 ATO 子系统故障	*消防装置不充分	0.00		
循环三：					
a. 员工的不安全行为	*司机自身能力的限制	*不充分的监管	0.22		
a. 员工的不安全行为	*组织违规	*不充分的监管	0.29		
a. 员工的不安全行为	*管理疏忽	*不充分的监管	0.29	1/4	0.29/4
b. 硬件设施故障	*轨旁 ATO 子系统故障	*不充分的监管	0.00		
			GSS		=0.07

从这两个实例来看，列车碰撞案例之间的相似度为 0.67，而列车碰撞与火灾案例之间的相似度仅为 0.07，很显然，这与事实情况是符合的；运用同样的方法，还可以验证多个案例的相似度，其结果都是令人满意的。因此，运用案例推理的方法来进行安全风险识别是可行而有效的。

5.4 实证分析

本书通过网络调查的方式，统计了国内外近 250 个地铁项目运营事故的案例，利用框架法以及 2.3.1 节对地铁项目运营安全风险事件的分类进行案例表示，形成一个案例库。同时，利用前兆信息的监测方法，以某地铁项目的运营情况为例进行实证研究，并在已构建的地铁项目运营安全风险识别系统的基础上作进一步分析。由于受监测仪器的限制，主要通过现场观测的方式来发现该系统存在的前兆信息。前兆信息主要包括：该地铁系统 A 站台的安全屏蔽门未安装，B 站台的客流量大，且乘客安全意识薄弱。针对当前系统的这些前兆信息，可进行案例信息的输入。

5.4.1 案例信息的输入

案例信息输入界面如表 5-6 所示。案例推理方法较之传统评估方法而言，最大的优势就在于其能在信息不完备情况下，依据历史案例的经验结果来识别当前系统的风险情况。因此在信息输入过程中，仅依据已披露的、易得到的数据进行分析。

表 5-6 案例信息（系统当前状态）

名　　称	侧　面　值
槽 1:案例编号	无
槽 2:案例类别	事件类别 待识别
槽 3:案例基本属性	侧面 3-1:事故发生的时间 尚未发生
	侧面 3-2:事故发生的地点 尚未发生
槽 4:案例前兆信息属性	侧面 4-1:人员相关的前兆信息 未诊断
	侧面 4-2:设备相关的前兆信息 安全屏蔽门未安装
	侧面 4-3:环境相关的前兆信息 客流量大,乘客安全意识薄弱
槽 5:风险识别结果	风险事件 待识别

5.4.2 案例信息的检索

案例检索中对指标权重的设定、相似度匹配策略的实现参考 5.3.4 节所述,此处设定将检索值域设定为 0.5,对于相似度大于 0.5 的案例作为相似案例列入检索结果。参照前兆信息的局部相似度计算及案例综合相似度的计算,将前兆信息"安全屏蔽门未安装"、"乘客安全意识薄弱"与案例库中的案例前兆信息进行匹配,得到的检索结果多为"运行事故"中的"HET2 乘客从站台上掉入轨道,并受到列车撞击"及"非运行事故"中的"HET7 乘客从站台上掉入轨道(列车未出现)"。将前兆信息"客流量大"、"乘客安全意识薄弱"与案例库中的案例前兆信息进行匹配,得到的检索结果多为"运行事故"中的"HET3 乘客上下车拥挤受伤"及"非运行事故"中的"HET10 乘客在站内拥挤受伤"。其中,检索到的典型案例信息如表5-7 所示。

表 5-7 检索到的典型案例信息

名　　称	侧　面　值
槽 1:案例编号	Fall Down(FD1-1)
槽 2:案例类别	事件类别 运行事故
槽 3:案例基本属性	侧面 3-1:事故发生的时间 2011 年 2 月 17 日中午 12 点 07 分
	侧面 3-2:事故发生的地点 南京地铁一号线

(续表)

名　称	侧　面　值
槽4:案例前兆信息属性	侧面4-1:人员相关的前兆信息 无
	侧面4-2:设备相关的前兆信息 安全屏蔽门未安装
	侧面4-3:环境相关的前兆信息 乘客安全意识薄弱
槽5:风险识别结果	风险事件 乘客从站台上掉入轨道,并受到列车撞击

5.4.3　风险识别的结果

因此,从案例检索的结果来分析风险识别的情况:①基于设备相关的前兆信息分析,该系统存在乘客从A站台掉入轨道的风险,若掉入轨道时正好列车出现,一方面会造成人员伤亡,另一方面还会对列车的运行造成延误,影响乘客的及时出行;②基于环境相关的前兆信息分析,由于客流量大、乘客安全意识薄弱,该系统存在乘客在B站台拥挤受伤的风险。针对以上风险的分析,可在A站台及时安装屏蔽门,而对于B站台的客流量问题,可在交通规划中考虑对B站台客流量的及时分流,并重点加强乘客的安全意识教育,普及地铁项目安全知识。

5.5　本章小结

案例表示、案例相似度的计算是理解案例、进行智能推理和判断的重要基础,也是建立风险识别系统的核心内容。本章首先分析了案例推理(CBR)的基本原理,并在此基础上,构建了地铁项目运营安全风险识别系统。该系统以前兆信息作为依据,分析系统现状与以往发生的事故案例的相似性,进而提供相似事故的危险情况,对系统现状的安全风险进行识别。

其次,研究了地铁项目运营事故案例的内容及"框架"表示方法,指出案例前兆信息属性是事故案例的核心内容。由于不同的前兆信息对同一个风险的重要性不同,相同的前兆信息对不同的风险重要性也不同,因此,本书提出了基于概率统计的权值计算方法,即从案例库中学习各前兆信息的权值。然后,构建了前兆信息的语义网络,利用概念相似度的计算方法来计算前兆信息的局部相似度及案例的综合相似度。

为了验证案例推理方法用于安全风险识别的有效性,对列车碰撞案例、列车火灾案例进行相似度分析。结果表明,列车碰撞案例之间的相似度为0.67,而列车碰撞与火灾案例之间的相似度仅为0.07,很显然,这与事实情况是符合的。因此,运用案例推理的方法来进行安全风险识别是可行而有效的。

　　最后,以某地铁项目的运营情况为例进行实证研究,并在已构建的地铁项目运营安全风险识别系统的基础上作进一步分析。结果表明,该系统存在乘客从 A 站台掉入轨道的风险及乘客在 B 站台拥挤受伤的风险。

第六章　基于贝叶斯网络的地铁项目运营安全风险概率测定

由于系统是由社会和技术组成的,因此需要一个集成的技术将这两个方面进行融合。过程模型技术具有更多的机械论特点,而社会致因模型则强调整体性,因此该集成技术必须能包括这两个特性。经发现,贝叶斯网络不仅能综合这两点,还能为具有不确定领域的建模提供非常有效的工具。本章将重点介绍贝叶斯网络的构建方法及推理算法,实现地铁项目运营安全风险的概率测定。

6.1　贝叶斯网络理论

贝叶斯网络(Bayesian Network)又称信念网、因果概率网络等,是 1981 年由 R. Howard 和 J. Mathe. son 提出来的。贝叶斯网络是一种基于概率推理的有向图模型,通过可视化的网络模型表达问题领域中变量的依赖关系和关联关系,适用于不确定性知识的表达和推理。它可以将具体问题中复杂的变量关系体现在一个网络结构中,以简洁的图论形式揭示变量之间的内在现象和本质;运用概率参数描述变量之间的关联强度,将繁琐的联合概率通过局部条件概率紧凑地表达出来。

贝叶斯网络主要由两部分构成,分别对应问题领域的定性描述和定量描述:一部分为有向无环图(Directed Acyclic Graph,DAG),通常称为贝叶斯网络结构。DAG 由若干个节点和连接这些节点之间的有向边组成,节点代表问题领域的随机变量,每个节点对应一个变量。变量的定义可以是问题中感兴趣的现象、部件、状态或属性等,具有一定的实际意义。连接节点之间的有向边代表节点之间的依赖或因果关系,连接边的箭头代表因果关系影响的方向性(由父节点指向子节点),节点之间缺省连接则表示节点所对应的变量之间条件独立。另一部分为反映变量之间关联性的局部概率分布集,即概率参数,通常称为条件概率表(Conditional Probability Table,CPT),概率值表示子节点与其父节点之间的关联强度或置信度,没有父节点的节点概率为其先验概率。贝叶斯网络结构是将数据实例抽象化的结果,是对问题领域的一种宏观描述。而概率参数是对变量(节点)之间关联强度的精确表达,属于定量描述的部分。

假定有一个包含 n 个变量的随机变量 V,用 G 表示有向无环图,L 表示有向边的集合,

P 表示条件概率分布集,则一个贝叶斯网络模型用数学符号表示为:

$$BN = (G, P) = (V, L, P)$$

式中,$G = (V, L)$

$V = \{V_1, V_2, \cdots, V_n\}$

$L = \{(V_i - V_j) | V_i, V_j \in V\}$

$P = \{P(V_i | V_{i-1}, V_{i-2}, \cdots, V_1), V_i \in V\}$

根据概率的链规则,用 $\mathrm{Par}(V_i)$ 表示变量 V_i 的父节点集,则其联合概率分布为:

$$P(V) = P(V_1, V_2, \cdots, V_n) = \prod_{i=1}^{n} P(V_i | \mathrm{Par}(V_i)) \tag{6-1}$$

在贝叶斯网络中,节点 V_i 条件独立于给定父节点集的其他任意非子代节点集,正是由于这种条件独立性假设,大大简化了贝叶斯网络中的计算和推理问题。同时,父节点与子节点之间存在因果机制的独立性。因果机制独立指的是多个原因独立地影响同一个结果。设节点 V_i 有 m 个父节点 $V_1, V_2, \cdots, V_m$,每个父节点都能导致子节点 V_i 的发生,但是其中的机制不同。即 $V_1, V_2, \cdots, V_m$ 独立地影响 V_i,其中一个父节点是否会导致 V_i 的发生,不会影响到其他因果关系的存在。

目前,贝叶斯网络方法已经广泛运用于军队交通风险分析[205]、铁路运营事故致因模型[206]、搜索营救的可靠性分析[207]以及核工业操作员的环境评价[208]。文献[209]在航空系统风险模型中采用贝叶斯网络和人为因素分析系统(HFACS)来评价人因航空事故。2006年,日本的航海安全机构正式将贝叶斯网络作为安全评价的文件提交了国际航海安全委员会[210]。地铁项目运营系统是一个复杂的社会技术系统,必然存在复杂的多因果关系。面对复杂多因果关系的社会技术系统,贝叶斯网络(Bayesian Network)以其直观的图形特征,阐述了各变量之间的相互关系,具有更强的实用性。

6.2 贝叶斯网络的构建方法

对于贝叶斯网络图的构建,一般有三种不同的方式:

(1) 由领域专家确定贝叶斯网络的节点变量,然后通过专家的知识来确定贝叶斯网络的结构,并指定它的分布参数。这种方式构造的贝叶斯网络完全在专家的指导下进行,由于人类获得知识的有限性,导致构建的网络与实践中积累下来的数据具有很大的偏差。

(2) 由领域专家确定贝叶斯网络的节点,通过大量的训练数据,来学习贝叶斯网络的结构和参数。这种方式完全是一种数据驱动的方法,具有很强的适应性,而且随着人工智能、数据挖掘和机器学习的不断发展,使得这种方法成为可能。但是如何大量获取这些有效的数据,也是一大难点。

(3) 由领域专家确定贝叶斯网络的节点,通过专家的知识来指定网络的结构,这样可以删除大量无意义的拓扑网络结构,然后通过机器学习的方法从数据中学习网络的参数与结构。

由此可以看出,第一种方法完全基于专家判断,所以这种方法难免主观性过强,适合在没有数据样本的前提下使用;第二种方法则完全基于样本数据,很显然这种方法要求具有充足的样本数据,同时在节点数量较多的情况下,所形成的网络结构将会呈指数级增长,这无疑会使这种方法的效率及其有效性大打折扣;第三种方法属于先验知识和数据的融合,这种方法实际上是前两种的折中,当网络节点之间的关系较明显的时候,利用这种方法能大大提高学习的效率。

本书确定贝叶斯网络的方式不同于上述的三种方式,主要原因有两个方面:其一,地铁项目运营事故样本数据受限。总体而言,目前各国对地铁项目运营事故的统计仍然处于发展时期,尚未完善,许多样本数据信息残缺不全。除了美国、英国等少数国家在铁道部门的网站上专门列有事故统计资料外,其他国家很少将地铁项目运营事故予以公布,从而导致能搜集到的事故样本数量有限,难以满足贝叶斯网络学习所需的大样本数量标准。其二,在安全风险领域,现有的研究文献相对而言较为丰富,同时,地铁项目运营安全评价标准是专门针对地铁项目运营安全的国家标准,标准具有其本身的逻辑结构。前人的研究成果以及地铁项目运营安全评价标准,为确定贝叶斯网络提供了完备的领域知识。因此,本书结合前人的研究成果和地铁项目运营安全评价标准提供的领域知识,通过阅读所搜集到的地铁项目运营事故样本,首先针对每一起事故样本确定出各类因素之间的因果关系,找出因果关系链,然后综合所有样本的因果关系链,最终确定出贝叶斯网络结构。

6.2.1 基于改进的 MLCM 模型的致因链分析

致因链是案例知识库的重要组成部分,因此如何从安全事故历史记录中构建致因链是非常重要的。科学构建一个致因链必须经过系统的调查分析,通过研究事故的发生过程找出各系统的影响因素,进而组织各影响因素之间的序列关系。基于前面所分析的前兆信息,系统研究每一起事故,可以找出由人为失误、设备故障及环境因素所组成的因果关系链。

改进的受损致因模型(Modified Loss Causation Model)(图 6-1)不仅系统分析了事故的原因及事件序列,同时还提出了安全管理系统的内容,是分析地铁项目事故案例的有利工具。接下来将详细介绍如何利用 MLCM 模型来进行案例分析,提出相应的事故致因分析流程。

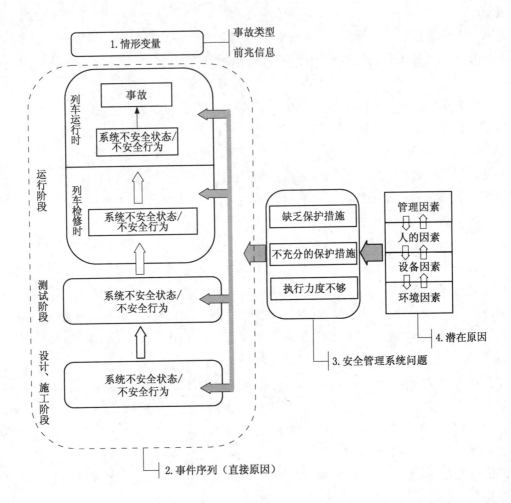

图 6-1 改进的受损致因模型

6.2.1.1 事故致因分析流程

对于某一个具体的安全事故而言,首先针对情景变量(事故类型)及事件序列两个方面对安全事故历史记录进行分析。事故是风险的一种确定性的表示,因此采用 2.3 节中的分类方法,对事故进行分类,确定事故的类型;前兆信息是事故序列中的关键部分,一般表现为地铁项目运营系统中的子系统出现问题。

调查分析的第二步是识别安全管理系统的问题。图 6-2 是基于 MLCM 模型构建的调查流程,通过地铁系统的演变分别识别出安全管理系统存在的问题。在前兆事件未发生之前,如果不存在预防措施,安全管理系统的问题表现为"缺乏预防措施";如果存在相应的预防措施,就需要评估实际的执行情况,与计划的程序是否存在偏差:若不存在偏差,说明该预防措施的制定并不充分,安全管理系统的问题表现为"不充分的预防措施";若存在偏差,说明预防措施在执行过程中出现了问题,安全管理系统的问题表现为"不充分的执行"。"缺乏预防措施""不充分的预防措施"及"不充分的执行"这三种情况都会导致前兆事件的发生。

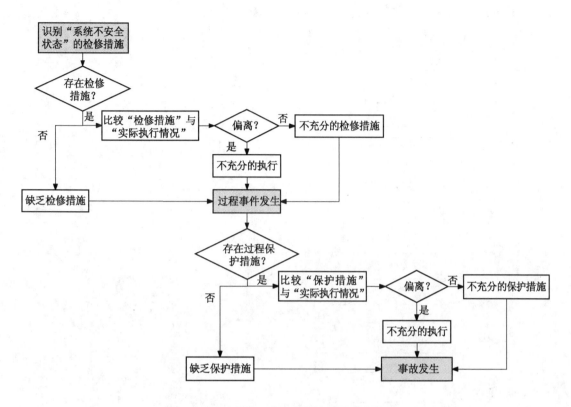

图 6-2 地铁项目运营阶段的事故致因分析流程

同样,在前兆事件发生之后,如果不存在保护措施,安全管理系统的问题表现为"缺乏保护措施";如果存在相应的保护措施,就需要评估实际的执行情况,与计划的程序是否存在偏差:若不存在偏差,说明该保护措施的制定并不充分,安全管理系统的问题表现为"不充分的保护措施";若存在偏差,说明保护措施在执行过程中出现了问题,安全管理系统的问题表现为"不充分的执行"。"缺乏保护措施"、"不充分的保护措施"及"不充分的执行"这三种情况都会导致事故的发生。

6.2.1.2 实例分析

为了进一步表明如何利用 MLCM 模型进行事故调查,本书将以前面提及的韩国大邱地铁火灾事故为例,利用 MLCM 调查模型分析事故类型及前兆事件、识别安全管理系统的问题,并构建事故致因链。

利用图 6-1 中的 MLCM 模型,可将事故调查报告中的信息进行系统化组合(如图 6-3)。事故关键的情形变量:事故类型(列车起火),前兆信息(乘客携带危险物品上车)。由于在地铁设计、施工、测试及维护阶段不存在与列车起火相关的问题,因此,系统均处于安全状态,但在列车运营阶段,由于"乘客携带危险物品上车"(前兆事件)而导致了"列车起火"。调查报告显示在前兆事件发生后,系统并没有相关的保护措施,即接触事件前保护措施(Pre-contact level measures);在列车起火后,相关的接触事件后保护措施(Post-contact level measures)不充分。在预防层次(Prevention level),"乘客携带危险物品上车"(前兆事件)的直接原因是"安检力度不够"(执行力不够),引发这类情况的原因是安全管理制度不严格。

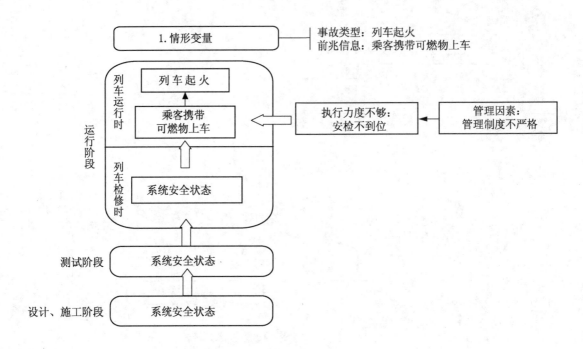

图 6-3　列车起火的 MLCM 模型

在列车起火 MLCM 模型基础上,就可构建出简单的致因链,如图 6-4 所示。

图 6-4　列车起火的致因链

6.2.2　基于多案例集合的安全风险模型构建

按照 6.2.1 节的方法,可以将同一类事故(如列车起火)中找出的因果关系链综合在一起,形成安全风险的贝叶斯网络结构。图 6-5 展示了不同事故类型的贝叶斯网络的形成过程。

以列车着火为例,采用多案例集合的方法,建立列车起火事故的贝叶斯网络,如图 6-6 所示。

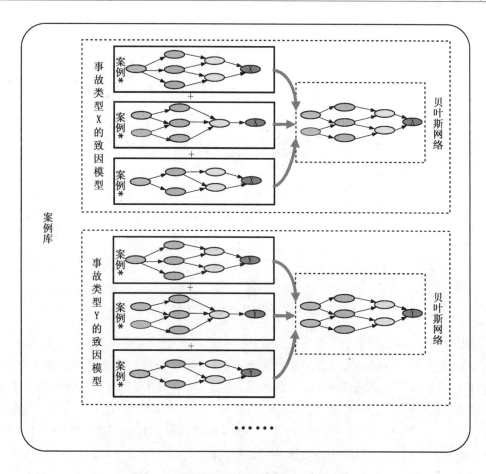

图 6-5 不同事故类型的贝叶斯网络的形成过程

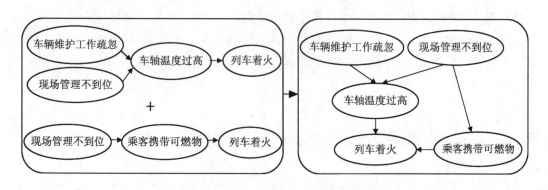

图 6-6 列车起火事故的贝叶斯网络构建过程

6.2.3 贝叶斯网络的条件概率确定

一个完整的贝叶斯网络除含有变量以外,还应该包括各变量的条件概率。为了确定条件概率,Clemens[211]描述了数据来源的整个过程,如图 6-7 所示,针对一个复杂工程系统的风险分析,给出了数据来源的优先次序。

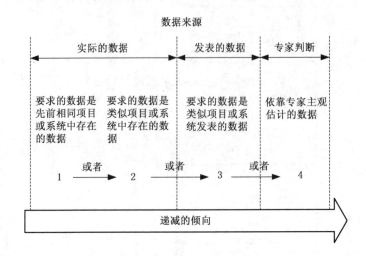

图 6-7 风险分析的数据来源

根据这个层次,如果要求的数据是先前相同项目或系统中存在的,可以直接采用;但是在现实情况下,尤其在新技术不断应用的情况下,完全相同的项目或系统是基本不存在的,因此,可以采用类似项目或系统中存在的数据;如果这两种情况都不可行,就可以考虑类似系统发表的数据;最后,如果前三者都不可行,就可以依靠专家知识来提供可用的数据进行分析。对于一个非常小的贝叶斯网络来说,要确认的条件概率的数量也是非常多的,如何获得条件概率?如果可能的话,历史数据是可以利用的,但是遗憾的是,很多案例的数据要么是不相干,要么就是非常有限。因此,正常来说条件概率表应该建立在专家判断之上。

目前,很多研究中基本事件的发生概率都是采用确定值表示的。地铁系统的组织、人因事件具有很强的不确定性,可利用的历史数据有限,很难将事件发生概率用确定的数值表达。因此,可以充分利用专家知识,采用专家评判的语义变量来表示,将模糊性语言描述的事件概率转化为三角模糊数或梯形模糊数,经过解模糊后再运用贝叶斯网络推理技术,实现安全风险概率预测。

6.3 贝叶斯网络的精确推理算法

6.3.1 离散贝叶斯网络的精确推理算法

6.3.1.1 变量消元法

贝叶斯网络中概率推理的关键在于相关变量的集合,每个集合都可以通过公式 6-1 中的链式法则进行计算。以图 6-8 中的离散贝叶斯网络为例,$A=a$,$B=b$,$C=c$,$D=d$,计算变量 E 的边缘概率,如公式 6-2 所示。

$$P(E) = \sum_{a,b,c,d} P(b, a, c, d, E) \qquad (6\text{-}2)$$
$$= \sum_{a,b,c,d} P(b)P(a)P(d \mid a, b)P(c \mid a)P(E \mid d, c)$$

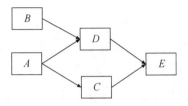

图 6-8　一个离散贝叶斯网络

为了利用联合分布的分解来降低推理的计算复杂度,在式 6-2 右边的 5 个因子中,只有 $P(b)$ 和 $P(d \mid a, b)$ 与变量 b 相关,而与 a 相关的因子只有 $P(a)$、$P(c \mid a)$ 和 $P(d \mid a, b)$。因此,公式简化为:

$$P(E) = \sum_{d,c} P(E \mid d, c) \sum_{a} P(a)P(c \mid a) \sum_{b} P(b)P(d \mid a, b) \qquad (6\text{-}3)$$

联合分布的分解之所以能够降低推理的复杂度,主要是因为它使得运算可以局部化。在公式 6-2 中消去 b 涉及所有的变量:a, b, c, d, E,因此复杂度高。而在公式 6-3 中,消去 b 只涉及它自身以及与它直接相连的变量 d,因此复杂度低。在上面的例子中,运算局部化节省了很多的运算量。在变量众多的网络中,节省可能是指数级的。公式 6-3 本身可以改写为如下的算法形式。

(1) 设 S 是贝叶斯网络中所有概率分布的集合,即

$$S = \{P(b), P(d \mid a, b), P(a), P(c \mid a), P(E \mid d, c)\};$$

(2) 从 S 中删去所有含变量 b 的函数 $P(b)$ 和 $P(d \mid a, b)$,并生成一个新函数

$$f_1(d, a) = \sum_{b} P(b)P(d \mid a, b),$$

然后将其加入 S,得到

$$S = \{f_1(d, a), P(a), P(c \mid a), P(E \mid d, c)\};$$

(3) 从 S 中删去所有含变量 a 的函数 $f_1(d, a)$、$P(a)$ 和 $P(c \mid a)$,并生成新函数

$$f_2(c, d) = \sum_{a} P(a)P(c \mid a)f_1(d, a),$$

然后将其加入 S,得到

$$S = \{f_2(c, d), P(E \mid d, c)\};$$

(4) 从 S 中删去所有含变量 d、c 的函数 $f_2(c,d)$ 和 $P(E\mid d,c)$，并生成新函数

$$f_3(E) = \sum_{c,d} P(E\mid d,c) f_2(c,d)$$

(5) 返回 $f_3(E)$，它正是 $P(E)$。

6.3.1.2 联合树算法

联合树(Junction Tree)算法，又称为 Clique Tree 算法、Clustering 算法，是目前计算速度最快，应用最广的贝叶斯网络精确推理算法。联合树算法以其容易理解、计算推理结果精确、高效的特点，得到广泛应用，许多有关贝叶斯网络研究和应用的软件都将其作为默认的推理算法。联合树算法对单连通网络和多连通网络的推理都适用，尤其是对网络中存在多个询问节点进行推理，应用该算法非常便捷。它采用联合树的图形表达方式来表达联合概率分布，主要思想是将贝叶斯网络转化为联合树，然后通过定义在联合树上的消息传递过程来进行概率计算，完成对贝叶斯网络的推理运算。根据不同的消息传递方案，联合树算法可以分为 Lauritzen-Spiegelhalter(LS)，Hugin 和 Shenoy-Shafer(SS)算法。

联合树是一个无向树，树中的每个节点称为团(Cluster)，由原贝叶斯网络中的一组随机变量构成，是无向图中最大的全连通子图。连接两个相邻团节点的称为分隔节点(Separator)，假设分隔节点 S 将两个相邻的团节点 C_i 和 C_j 相连，则 S 中的随机变量是团节点 C_i 和 C_j 中包含的随机变量集合的交集，即 $S = C_i \cap C_j$。将贝叶斯网络转化为联合树后，必须将贝叶斯网络中的条件概率表(CPT)转换到联合树中，即为联合树的所有节点制订参数。联合树中的每个节点 C（包括团节点和分隔节点）对应的参数称为该节点的分布函数，它将团节点中随机变量的每一种取值组合映射为一个大于等于零的数，用 ϕ_C 表示，且满足：

$$P(U) = \frac{\prod_{C\in Cluster} \phi_C}{\prod_{S\in Separator} \phi_S}$$

上式中，$P(U)$ 是贝叶斯网络表示的联合概率分布。

联合树算法采用了消息传递的思想，在推理过程中，消息会依次传遍联合树的每个节点。通过节点间的消息传递可以使联合树满足全局一致性。消息传递过程分为两个阶段：证据收集阶段(Collect-Evidence)和证据扩散阶段(Distribute-Evidence)，这两个阶段也被称之为向里(Inward)传递阶段和向外(Outward)传递阶段。其中，利用变量消元的联合树推理过程如图 6-9 所示。

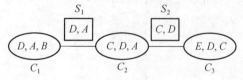

图 6-9 利用变量消元的联合树推理过程

下面以基于 Hugin 消息传递方案的联合树算法为主,对联合树算法的计算过程进行介绍。基于 Hugin 消息传递方案是首先选定任意一个团节点 C 作为根节点,证据收集阶段是从距 C 最远的节点开始,沿接近 C 的方向,依次向上传递消息,直到根节点获得所有消息为止;证据扩散阶段是从根节点 C 开始,沿远离 C 的方向,每个节点向它的相邻节点传递一个消息。从根节点开始向下传递消息,子节点接收到来自其父节点的消息,将消息加入到其分布函数中,并将消息继续向下传递,直到消息传遍整棵树的每个节点。通过这两个阶段的消息传递,联合树满足全局一致性。

当联合树满足全局一致性后,系统达到稳态,可以计算原贝叶斯网络中任意随机变量 V 的概率分布。若求 $P(V|E)$,则利用条件概率公式 $P(V=v|E=e) = \dfrac{P(V=v, E=e)}{P(E=e)}$ 和相应团节点分布函数,即可求出结果。

基于 Hugin 消息传递方案的联合树算法的具体实现过程如图 6-10 所示。

图 6-10　联合树的构造过程

第一步是构造 Moral 图。将原贝叶斯网络中同一节点的父节点两两相连,即 Marrying Parents,同时去掉每一条连接边的箭头。图 6-11 是贝叶斯网络及其对应的 Moral 图。

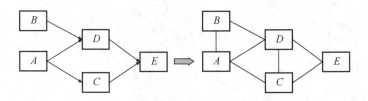

图 6-11　贝叶斯网络和对应的 Moral 图

第二步是三角化图(Triangulating)。对包含 4 个及以上节点数的环,增加一条无向边将环中两个非相邻节点连接起来,完成对 Moral 图的三角化。图 6-11 所示的 Moral 图中不存在符合上述条件的无向环,所以不必再进行三角化。

第三步:区分团节点(Identifying cliques)。在三角化图中,确定团节点,每个团节点都是无向图的子图。图 6-12 中包含三个团节点 ADB、ADC、DCE。

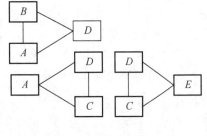

图 6-12　团节点图

第四步是建立联合树。建立的联合树必须包含所有团节点,交集作为连接各个团节点的分隔节点。图 6-13 是图 6-8 所示贝叶斯网络对应的联合树。

联合树形成以后,要将贝叶斯网络中的条件概率表转化到联合树中,为所有节点指定参数,利用公式 $\phi_C = \phi_C \times P(V \mid Pa(V))$ 对各团节点初始化,通过消息传递得到满足全局一致性的联合树,即可以求出原贝叶斯网络中任意随机变量的概率分布,选取包含该随机变量的任意团节点,通过边缘化可求出概率分布。在图 6-13 所示的联合树中,若选取团节点 (C,D,A) 为根节点,实线箭头表示证据收集过程,虚线箭头表示证据扩散过程。

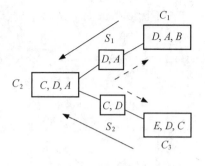

图 6-13 贝叶斯网络的联合树

6.3.2 混合贝叶斯网络的精确推理算法

传统的贝叶斯网络是假定变量都是离散的,但现实中经常存在同时含有连续变量和离散变量的贝叶斯网络,被称为混合贝叶斯网络(Hybrid Bayesian Network),如图 6-14,图中变量 X、Y、Z 属于连续变量,变量 A、B、C 属于离散变量。针对混合贝叶斯网络,将连续变量离散化,离散变量的状态以一定概率与每个连续数值间隔对应。如果贝叶斯网络能与把连续数据分成离散集合的模糊方法结合起来,就能有效处理连续输入的问题。对于存在连续变量的情况,主要提出了两种解决办法:(1)假定连续变量具有高斯分布,根据该假定可能会改变底层的统计分布;(2)连续变量离散化处理。

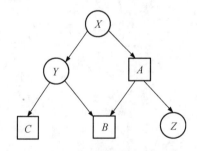

图 6-14 混合贝叶斯网络示意图

Oztekin[212]提出了嵌入条件高斯模型(CG)的模糊贝叶斯网络(BN-CG)。该网络先引入离散隐变量对连续变量软量化,两个变量之间的映射由 CG 概率分布决定,即给定离散隐变量的条件下,连续变量的条件分布被假定是多变量高斯分布。这里并非使用传统的模糊逻辑公式实现连续变量和模糊离散变量之间的映射,而是采用了 CG 模型,即 CG 模型等同于模糊集。因此可以定义模糊贝叶斯网络模型 BN-CG 如下:

$$G_{FBN} = [\Delta, \Gamma, \hat{\Gamma}, \hat{L}, \hat{P}]$$

式中,Δ 表示离散变量;Γ 表示连续变量;$\hat{\Gamma}$ 是 Γ 所定义的离散隐变量,称为模糊离散变量。

从而建立一个新的连接:$\hat{\Gamma} \to \Gamma$

模糊贝叶斯网络的整个有向结构被定义为 $\hat{L}$，这个新的无环图与原先的网络 L 不同，对于每个连续变量 Γ，都增加了一个模糊离散变量 $\hat{\Gamma}$ 到连续变量 Γ 的有向连接。

$$\hat{L} = L \bigcup L_{\hat{\Gamma} \to \Gamma}$$

$\hat{P}$ 是条件概率分布的集合，可定义为

$$\hat{P} = \hat{P}_\Delta \bigcup \hat{P}_{\hat{\Gamma}} \bigcup \hat{P}_\Gamma$$

式中，$\hat{P}_\Delta = P(\Delta_i \mid \text{Par}_\Delta(\Delta_i), \text{Par}_{\hat{\Gamma}}(\Delta_i)), \quad \Delta_i \in \Delta$
$\hat{P}_{\hat{\Gamma}} = P(\hat{\Gamma}_j \mid \text{Par}_\Delta(\hat{\Gamma}_j), \text{Par}_{\hat{\Gamma}}(\hat{\Gamma}_j)), \quad \hat{\Gamma}_j \in \hat{\Gamma}$
$\hat{P}_\Gamma = P(\Gamma_j \mid \hat{\Gamma}_j), \quad \Gamma_j \in \Gamma$
同时，将 $\hat{P}_\Gamma = P(\Gamma \mid \hat{\Gamma})$ 定义为：

$$P(\Gamma = \gamma \mid \hat{\Gamma} = \hat{\gamma}) = \frac{1}{\sigma_{\hat{\gamma}} \sqrt{2\pi}} \exp\left(-\frac{(\gamma - \mu_{\hat{\gamma}})^2}{2\sigma_{\hat{\gamma}}^2}\right) \tag{6-4}$$

式中，γ 和 $\hat{\gamma}$ 分别表示变量 Γ 和 $\hat{\Gamma}$ 的值，对于 $\hat{\Gamma}$ 的每个模糊状态 $\hat{\gamma}$，都存在一对参数 $(\mu_{\hat{\gamma}}, \sigma_{\hat{\gamma}})$。

通过引入方程 6-4，可在模糊贝叶斯网络中定义所有的条件概率，因此该模糊贝叶斯网络近似于一般混合贝叶斯网络，如图 6-15 所示。

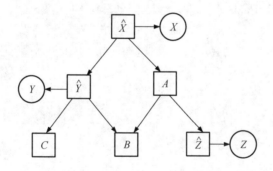

图 6-15　基于示意图的模糊贝叶斯网络图

在推理过程中，对于存在的模糊贝叶斯网络，所有变量的联合分布可定义为：$P(\Delta, \Gamma, \hat{\Gamma})$。

运用公式 6-1 提到的链规则，可定义联合概率分布为：

$$P(\Delta, \Gamma, \hat{\Gamma}) = \prod_{\Delta_i \in \Delta} P(\Delta_i \mid \text{Par}_\Delta(\Delta_i)) \prod_{\Gamma_j \in \Gamma} P(\Gamma_j \mid \hat{\Gamma}) \prod_{\hat{\Gamma}_j \in \hat{\Gamma}} P(\hat{\Gamma}_j \mid \text{Par}_{\hat{\Gamma}}(\hat{\Gamma}_j))$$

定义新的集合：

$$\Theta = \Delta \bigcup \hat{\Gamma}$$

因此，这个包含所有离散变量的集合 Θ 的联合概率为：

$$P(\Theta) = P(\Delta, \hat{\Gamma})$$

$$= \prod_{\theta \in \Theta} P(\theta \mid \text{Par}_\Delta(\theta))$$

$$= \prod_{\Delta_i \in \Delta} P(\Delta_i \mid \text{Par}_\Delta(\Delta_i)) \prod_{\hat{\Gamma}_j \in \hat{\Gamma}}^* P(\hat{\Gamma}_j \mid \text{Par}_{\hat{\Gamma}}(\hat{\Gamma}_j))$$

集合 Θ 中的所有变量及它们间的联合分布组成了一个经典的贝叶斯网络（离散贝叶斯网络），可定义这个子网络为 BN_{sub}。

接下来将运用联合树算法来进行推理。联合树算法采用联合树的图形表达方式来表达联合概率分布，其中联合树是一个无向树。树中的每个节点称为团（Cluster），定义

$$C = \{C_1, \cdots, C_n\}, \quad C_k \in \Theta \text{ 并且 } k = \{1, 2, \cdots, n\}$$

连接两个相邻团节点的称为分隔节点（Separator），假设分隔节点 S 将两个相邻的团节点 C_i 和 C_j 相连，S 中的随机变量是团节点 C_i 和 C_j 中包含的随机变量集合的交集：

$$S_{ij} = C_i \bigcap C_j, \quad \forall C_i \neq C_j, C_i, C_j \in C$$

将贝叶斯网络转化为联合树后，该联合树中包含团节点 $C_{\hat{\Gamma}}$，$C_{\hat{\Gamma}}$ 主要由模糊离散变量 $\hat{\Gamma}$ 组成。假设新的团节点 $\hat{C}_{\hat{\Gamma}}$ 由模糊离散变量 $\hat{\Gamma}$ 和连续变量 Γ 组成，$\hat{C}_{\hat{\Gamma}} = \{\hat{\Gamma}, \Gamma\}$，新假设的团节点 $\hat{C}_{\hat{\Gamma}}$ 与团节点 $C_{\hat{\Gamma}}$ 都包含模糊离散变量 $\hat{\Gamma}$，因此形成新的分隔节点

$$\hat{S}_{\hat{\Gamma}} = \hat{C}_{\hat{\Gamma}} \bigcap C_{\hat{\Gamma}} = \{\hat{\Gamma}\}$$

定义新的联合树 $T_{\text{FBN}} = [C, \hat{C}, S, \hat{S}]$，$\hat{C}$ 和 $\hat{S}$ 是模糊贝叶斯网络中团节点 $\hat{C}_{\hat{\Gamma}}$ 与分隔节点 $\hat{S}_{\hat{\Gamma}}$ 的集合，该联合树的联合概率为：

$$\Phi(C, \hat{C}, S, \hat{S}) \equiv \Phi(\Delta, \Gamma, \hat{\Gamma}) = \frac{\prod_{C_I \in C} \Phi(C)}{\prod_{S_j \in S} \Phi(S)} \times \frac{\prod_{\hat{C}_{\hat{\Gamma}} \in \hat{C}} \Phi(\hat{C}_{\hat{\Gamma}})}{\prod_{\hat{S}_{\hat{\Gamma}} \in \hat{S}} \Phi(\hat{S}_{\hat{\Gamma}})}$$

6.4 实证分析

本节主要从组织、人为因素出发，以某地铁项目运营系统的火灾风险场景为例进行实证研究，并在已构建的地铁项目运营火灾风险贝叶斯网络模型（见图 6-16）的基础上做进一步分析。

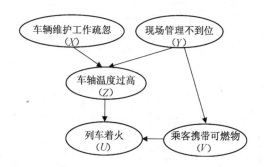

图 6-16 地铁项目运营火灾风险的贝叶斯网络模型

6.4.1 确定条件概率

运用德尔菲方法,针对事件 X、Y,4 位专家分别给出模糊概率值的语言描述(见表 6-1)。在这些专家中,专家 2 和专家 3 是负责地铁项目运营安全的工程师,专家 1 和专家 4 是交通安全领域的学者。假设专家权重一致,采取算术平均法得到综合的模糊概率值。

表 6-1 模糊概率值的语言描述

专家	基本事件 X	基本事件 Y
1	低	偏低
2	偏低	偏低
3	低	偏低
4	偏低	偏低

在 λ-截集下,根据 4.3.1 节中的公式 4-12 可知,对于基本事件 X,4 位专家意见的平均模糊数为:

$$\widetilde{P}_X = (f_L^\lambda + f_{FL}^\lambda + f_L^\lambda + f_{FL}^\lambda)/4$$
$$= [(0.1\lambda+0.1)+(0.1\lambda+0.2)+(0.1\lambda+0.1)+(0.1\lambda+0.2),$$
$$(-0.1\lambda+0.3)+(-0.1\lambda+0.5)+(-0.1\lambda+0.3)+(-0.1\lambda+0.5)]/4$$
$$= [0.1\lambda+0.15, -0.1\lambda+0.4]$$

同理,$\widetilde{P}_Y = [0.1\lambda+0.2, -0.1\lambda+0.5]$。

下面采用解模糊法求出先验概率的代表值。当 $\varepsilon=0.5$ 时,根据 4.2.2 节中的解模糊公式 4-9、4-10 及 4-11,可得节点 $X=$true 的先验概率为 $P(X=\text{true})=0.275$,$X=$false 的先验概率为 $P(X=\text{false})=0.725$;同时,节点 $Y=$true 的先验概率为 $P(Y=\text{true})=0.35$,$Y=$false 的先验概率为 $P(Y=\text{false})=0.65$。同理,可得节点 V、Z、U 的条件概率(见表 6-2~表 6-4)。

表 6-2 节点 V 关于节点 Y 的条件概率

Y	$P(V=\text{true}|Y)$	$P(V=\text{false}|Y)$
true	0.725	0.275
false	0.075	0.925

表 6-3 节点 Z 关于节点 X、Y 的条件概率

X	Y	$P(Z=\text{true}|X;Y)$	$P(Z=\text{false}|X;Y)$
true	true	0.925	0.075
true	false	0.725	0.275
false	true	0.425	0.575
false	false	0.075	0.925

表 6-4 节点 U 关于节点 Z、V 的条件概率

Z	V	$P(U=\text{true}|Z;V)$	$P(U=\text{false}|Z;V)$
true	true	0.85	0.15
true	false	0.725	0.275
false	true	0.575	0.425
false	false	0.35	0.65

6.4.2 贝叶斯网络推理

针对传统的贝叶斯网络，目前已经有成熟的算法来计算各节点的联合概率，因此，构建系统的贝叶斯网络后，便可方便地进行安全风险预测（包括计算后果事件发生的概率、各顶事件的重要度及其他信息）。利用联合概率分布，可以直接计算出基本事件 Z 的发生概率，即：

$$\begin{aligned}
&P(Z=\text{true}) \\
&= \sum P(X;Y;Z=\text{true}) \\
&= P(X=\text{true};Y=\text{true};Z=\text{true}) + P(X=\text{false};Y=\text{true};Z=\text{true}) + \\
&\quad P(X=\text{true};Y=\text{false};Z=\text{true}) + P(X=\text{false};Y=\text{false};Z=\text{true})
\end{aligned}$$

(6-5)

在已构建的贝叶斯网络中，由于节点 X 和 Y 相互独立，因此节点 X、Y、Z 的联合概率可通过条件独立公式进行计算，即：

$$P(X;Y;Z) = P(X)P(Y)P(Z|X;Y) \tag{6-6}$$

将公式 6-6 代入公式 6-5 中可得：

$$\begin{aligned}P(Z=\text{true})=&P(X=\text{true})P(Y=\text{true})P(Z=\text{true}|X=\text{true};Y=\text{true})+\\&P(X=\text{false})P(Y=\text{true})P(Z=\text{true}|X=\text{false};Y=\text{true})+\\&P(X=\text{true})P(Y=\text{false})P(Z=\text{true}|X=\text{true};Y=\text{false})+\\&P(X=\text{false})P(Y=\text{false})P(Z=\text{true}|X=\text{false};Y=\text{false})\end{aligned} \quad (6\text{-}7)$$

将 X、Y 的先验概率和表 6-3 中 Z 的条件概率代入公式 6-7，可知基本事件 Z 发生的概率为 $P(Z=\text{true})=0.362$。同理，基本事件 Z 不发生的概率为 $P(Z=\text{false})=0.638$。

对于节点 V，影响其发生的基本事件只有 Y。根据 Y 的先验概率和表 6-2 中 V 的条件概率，可得到基本事件 V 发生的概率 $P(V=\text{true})=0.303$，不发生的概率 $P(V=\text{false})=0.697$。

对于节点 U，其父节点为 Z 和 V。根据已计算的基本事件 Z 和 V 的概率，结合表 6-4 中 U 的条件概率及节点 Z、V、U 的联合概率分布，可得到后果事件 U 发生的概率 $P(U=\text{true})=0.538$，不发生的概率 $P(U=\text{false})=0.462$。

另外，假设已经出现后果事件 U，可以计算出其他各事件发生的后验概率。利用 Hugin 软件，一方面可根据先验概率及条件概率，计算出各事件的风险概率；另一方面当 $U=\text{true}$ 的时候，可得出基本事件 X、Y、Z、V 发生的后验概率（见图 6-17）。当 $U=\text{true}$ 时，$Z=\text{true}$ 的后验概率为 0.523，且概率最大，即后果事件 U 的发生很有可能是由基本事件 Z 的发生而引起的。

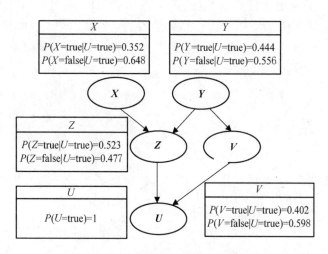

图 6-17 贝叶斯网络后验概率分布图

6.4.3 敏感性分析

对贝叶斯网络中基本事件进行敏感性分析是安全风险概率分析的基本方法之一。根据敏感性分析的结果，可以确定出对后果事件发生概率贡献较大的基本事件，以便采取有效的措施来减小这些基本事件的发生概率,从而减小后果事件发生的概率。假设基本事件的敏感性因子(Sensitivity index)为 α_{SI},则第 i 个基本事件的敏感性因子为

$$\alpha_{SI_i} = \frac{\gamma_i}{\gamma_{\max}} \quad i = 1, 2, \cdots, m \tag{6-8}$$

式中,γ_i 为第 i 个基本事件不发生时后果事件概率的相对值,且 $\gamma_i = (P_T - P_{T_i})/P_T$,其中 P_T 为后果事件发生概率,P_{T_i} 为第 i 个基本事件不发生时的后果事件概率;$\gamma_{\max}$ 是向量 $\gamma = (\gamma_1, \gamma_2, \cdots, \gamma_m)^T$ 中最大的元素,即 $\gamma_{\max} = \max\{\gamma_i\}$,显然 $\alpha_{SI\max} = 1.0$。利用 Hugin 软件及公式 6-8,可计算出基本事件的敏感性因子,结果见表 6-5。

表 6-5 基本事件的敏感性因子

基本事件	X	Y	V	Z
α_{SI}	0.420	0.573	0.566	1

由表 6-5 可知,本案例中基本事件 Z 的敏感性因子最大,说明在所有的基本事件中,车轴温度过高是最关键的基本事件。可以从技术角度来提高设备的性能,从而减小火灾发生的概率。然而,地铁系统是一个复杂系统,单从硬件方面考虑是远远不够的,利用技术手段来预防风险也是非常有限的。从已构建的贝叶斯网络图可知,顶事件 X 和 Y 是引起车轴温度过高的两个重要因素,经敏感性分析得出,Y 的敏感性因子为 0.573,而 X 的敏感性因子为 0.420,说明在这两个因素中,现场管理更为重要。现场管理不仅仅涉及站台员工、司机以及各类正在运营的工作人员,更关系到地铁项目运营公司的组织文化、安全气候,是一个综合有效的安全管理因素。因此,通过加强地铁项目运营人员的风险意识,实时监控地铁项目运营的安全状态,建立合理的现场管理流程,才能更加有效地降低事故发生的概率。

6.5 本章小结

面对社会技术系统,贝叶斯网络为具有不确定领域的建模提供了非常有效的工具。本章首先阐述了贝叶斯网络的理论,并提出了贝叶斯网络的构建方法:利用改进的受损致因模型对事故案例的致因链进行分析,并提出了相应的案例分析流程。接着,在多个案例分析的基础上进行集合,构建安全风险的贝叶斯网络结构。

由于组织、人因错误概率的模糊性和不确定性,使传统的贝叶斯网络方法无法获得先验概率及条件概率。通过引入模糊集理论,从宏观的角度分别给出模糊概率值的语言描述,并用语言变量表示,可以使专家的评判更直观。

其次,针对离散贝叶斯网络、混合贝叶斯网络,提出了各类推理算法的内容及过程。最后,以某地铁系统的列车起火风险为例进行实证研究。从案例分析结果中可以得出以下结论:

(1) 利用模糊贝叶斯网络对地铁项目火灾风险预测是可行的,其中解模糊的方法依赖于决策者的乐观态度。本书中火灾安全风险的概率结果是以乐观系数 $\varepsilon=0.5$ 为前提的。

(2) 根据模糊贝叶斯网络计算出的安全风险概率能够提供用于分析地铁系统目前安全状况的有效信息。案例中该地铁火灾风险的概率为 0.538。当火灾风险的概率为 1 时,基本事件 Z 的后验概率最大,即火灾发生时,最可能的原因是车轴温度过高。

(3) 通过敏感性分析,可判断出关键事件,并预防风险事件的发生。在地铁系统中,引起火灾风险的基本事件 Z 的敏感性因子最大,即车轴温度过高是关键事件。这一结论与前面得出的后验概率最大一致。在引起这一关键事件的顶事件中,现场管理更为重要。

第七章 结论与展望

7.1 主要的研究工作及其结论

(1) 本书首先针对安全风险、预测方法进行了相关理论研究评述。通过详细的文献综述,分析了国内外安全风险研究的发展阶段:从简单的面向技术系统到考虑硬件、人以及组织的复杂系统,体现了安全风险研究的非单一性。国内对于地铁项目运营安全的研究起步较晚,目前主要集中在影响因素、安全管理措施以及关键设备的工作可靠性方面,缺乏对地铁项目运营安全风险预测方法的系统研究,尤其是对安全风险前兆信息的研究不够重视。

(2) 运用社会技术系统理论及相关的 SoTeRiA 模型,分析了地铁项目运营安全风险的形成机理。首先阐述了社会技术系统理论的内容,并从事故成因的角度来分析社会技术系统的失效机制。然后全面分析了技术系统、社会系统各自的安全风险分析方法:事件树、故障树及贝叶斯网络,以及综合这些方法而形成的"社会技术风险分析"模型(Socio-Technical Risk Analysis,SoTeRiA)。在此基础上,以地铁列车碰撞风险为例,运用 SoTeRiA 模型详细分析了该风险的形成机理。

(3) 针对现有研究及实践中提高安全绩效的不足,分析了地铁项目运营过程中的前兆信息对提高安全绩效的重要意义,也为风险的识别和预测提供了一个有效的途径。在此基础上,系统分析了地铁设备、环境系统可能存在的前兆信息,同时基于人因分析和分类系统(HFACS)对地铁项目相关工作人员进行了前兆信息的构建。针对已构建的设备、环境及人的前兆信息体系,以两个列车碰撞事故、一个火灾事故为例,通过分析事故的原因,找出相应事故的前兆信息。

(4) 运用信号检测理论,对地铁项目运营安全风险的前兆信息进行判别。针对部分可测的前兆信息的判别和监控问题,技术上已经肯定了实时监控子系统实现的可能性,而大量与人相关的前兆信息,目前尚未先进到用技术来进行判别。因此,本书针对地铁系统中的工作人员,运用信号检测中的两个基本指标——辨别力指标与反应倾向性指标来衡量工作人员的对风险前兆的判别能力,并进行了实证分析。实证结果表明,模糊信号检测方法很好地区分出了工作人员对风险前兆的判别能力,对提高地铁项目运营的安全绩效具有重要意义。

(5) 利用人工智能方法——案例推理,识别地铁项目运营安全风险。传统的风险识别依赖于企业安全管理人员的经验,这种风险识别的效率和结果将受到个人风险态度的影响;

本书设计的风险识别系统是从前兆信息出发,分析系统现状与以往发生的事故案例的相似性,进而提供相似事故的危险情况,对系统现状的安全风险进行识别。在系统设计的过程中,案例表示主要根据事故的内容来进行框架的构建,其中,前兆信息是案例表示中的主要内容。为了实现案例的相似度计算,本书构建了前兆信息的语义网,运用概念相似度的方法计算前兆信息的局部相似度及案例的综合相似度。为了验证该方法的可行性,本书计算了列车碰撞案例之间的相似度、列车碰撞与火灾案例之间的相似度。从计算结果来看,两个列车碰撞案例之间的相似度为 0.67,而列车碰撞与火灾案例之间的相似度仅为 0.07,很显然,这与事实情况是符合的。因此,运用案例推理的方法来进行安全风险识别是可行而有效的。最后,以某地铁项目的运营情况为例进行实证研究,并在已构建的地铁项目运营安全风险识别系统的基础上做进一步分析。结果表明,该系统存在乘客从 A 站台掉入轨道的风险及乘客在 B 站台拥挤受伤的风险。

(6) 运用贝叶斯网络理论,实现地铁项目运营安全风险的概率测定。为构建安全风险事件的贝叶斯网络,本书在改进的受损致因模型(MLCM)的基础上,分析案例的致因过程,并基于多案例的集合方法建立了安全风险的贝叶斯网络模型。在确定条件概率的过程中,本书运用模糊集理论,依靠专家知识来提供可用的数据进行分析。推理算法是贝叶斯网络的核心,本书针对两类贝叶斯网络——离散贝叶斯网络和混合贝叶斯网络,分析了多种推理算法,实现了安全风险的不确定性分析。在实证分析中,本书以基于 Hugin 消息传递方案的联合树算法为主,运用 Hugin 软件计算了某地铁项目运营中列车起火的风险概率。最后,针对贝叶斯网络中的基本事件,运用敏感性分析确定出对后果事件发生概率贡献较大的基本事件,以便采取有效的措施来减小这些基本事件的发生概率,从而减小后果事件发生的概率。敏感性分析结果表明,实例中基本事件 Z 的敏感性因子最大,说明在所有的基本事件中,车轴温度过高是最关键的基本事件。可以从技术角度来提高设备的性能,从而减小列车发生故障的概率。从已构建的贝叶斯网络图可知,顶事件 X 和 Y 是引起车轴温度过高的两个重要因素,经敏感性分析得出,Y 的敏感性因子为 0.573,而 X 的敏感性因子为 0.420,说明在这两个因素中,现场管理更为重要。现场管理不仅仅涉及站台员工、司机以及各类正在运营的工作人员,更关系到地铁项目运营公司的组织文化、安全气候,是一个综合有效的安全管理因素。因此,通过加强地铁项目运营人员的风险意识,实时监控地铁项目运营的安全状态,建立合理的现场管理流程,才能更加有效地降低事故发生的概率。

7.2 创新点

(1) 基于 SoTeRiA 模型分析了地铁项目运营安全风险的形成机理。运用社会技术系统理论,提出了社会技术风险模型方法,进而分析地铁项目运营安全风险的形成机理。在此基础上,以地铁列车碰撞风险为例,运用 SoTeRiA 模型详细分析了该风险的形成机理。

(2) 构建了地铁项目运营安全风险的前兆信息体系。将研究的视角引入到对地铁项目运营过程中前兆信息的研究上，从人－机－环境的角度分析了地铁项目运营安全风险的前兆信息，并提出基于人因分析和分类系统来分析人员相关前兆信息。针对已构建的设备、环境及人的前兆信息体系，以两个列车碰撞事故、一个火灾事故为例，通过分析事故的原因，找出相应事故的前兆信息。

（3）设计了地铁项目工作人员对风险前兆的判别过程。运用信号检测理论（SDT）中的两个基本指标——辨别力指标与反应倾向性指标来衡量工作人员的对风险前兆的判别能力，并进行了实证分析。实证结果表明，模糊信号检测方法很好地区分出了工作人员对风险前兆的判别能力，对提高地铁项目运营的安全绩效具有重要意义。

（4）构建了地铁项目运营安全风险识别系统。本书设计的风险识别系统是从前兆信息出发，运用人工智能方法——案例推理，分析系统现状与以往发生的事故案例的相似性，进而提供相似事故的危险情况，对系统现状的安全风险进行识别。通过计算列车碰撞案例之间的相似度、列车碰撞与火灾案例之间的相似度来验证该方法的可行性。最后，以某地铁系统的运营情况为例进行安全风险识别的实证研究。

（5）对地铁项目运营安全风险的概率进行了有效的测定。运用贝叶斯网络理论，提出了全新的基于多案例集合的贝叶斯网络构建方法，并运用贝叶斯法则进行概率的推理计算。在实证分析中，运用 Hugin 软件计算了某地铁项目运营中列车起火的风险概率。最后，运用敏感性分析确定出对后果事件发生概率贡献较大的基本事件。

7.3　研究不足及研究展望

对地铁项目运营安全风险预测方法的研究是一个全新的思路，在本书的基础上，进一步研究的方向包括：

（1）对地铁项目运营安全风险前兆信息的内涵进行更加深入的解释。本书采用了前兆信息狭义的理解，并将其与事故区别开来。但从广义的前兆信息的概念来看，Near-Miss 事件（无伤害的小事故）也是前兆信息的一种重要形式，如何从理论的高度对前兆信息的概念进行更加深入的解释可以为进一步的研究打下更坚实的基础。

（2）全面运用硬技术及软技术实现本书中提到的风险前兆判别，并进行实时监控。本书设计了工作人员对风险前兆的判别过程，希望能用于地铁项目运营安全管理，也就是软技术方面达到预防事故的作用。而针对部分可测的前兆信息的判别和监控问题，如何从技术上实现实时监控的系统结构，并在实际中实现这个系统，将是一个重要的应用研究方向。

（3）利用信息技术构建基于案例推理的安全风险识别系统。本书的研究重点是对地铁项目运营安全风险识别方法的理论研究，说明了实现这样一个系统是完全可行的。如何在实际中实现这个系统，并将风险概率测定的结果也纳入系统中，能够在地铁项目运营安全管理过程进行应用，也将是一个重要的应用研究方向。

（4）运用混合贝叶斯网络技术实现地铁项目运营安全风险的概率测定。本书针对地铁系统中列车起火这一风险事件，设计的贝叶斯网络是一个离散的网络图，其基本事件只是一个二元离散变量（如乘客携带可燃物与未携带可燃物）。在地铁项目运营过程中，基本事件（如环境问题中降雨量、列车的运行速度）是存在连续变量的，在一个既有离散变量又有连续变量的混合贝叶斯网络中，如何实现安全风险的概率测定也需要尽快解决。

参 考 文 献

[1] 孙章,何宗华,徐金祥. 城市轨道交通概论[M]. 北京:中国铁道出版社,2000
[2] 赵惠祥. 城市轨道交通系统的运营安全性与可靠性研究[D]. 上海:同济大学,2006
[3] 李为为,唐祯敏. 地铁运营事故分析及其对策研究[J]. 中国安全科学学报,2004,14(6):106-107
[4] National Transit Database [DB/MT]. Federal Transit Administration,2009
[5] Heinrich H W. Industrial accident prevention [M]. New York:McGraw-Hill,1959
[6] Rigby L V. The nature of human error [J]. Proc, Annu. Tech. Conf. Trans. of the Am. Soc. for Quality Control,1970:475-566
[7] Reason J T. Human Error[M]. New York:Cambridge University Press,1990
[8] 黄洪举. 伤亡事故金字塔模型[J]. 地质勘探安全,2000(2):1-4
[9] 吕保和. 对无伤害事故管理的探讨[J]. 工业安全与防尘,1999(1):12-14
[10] Asfahl C R. Industrial Satety and Health Management [M]. New Jersey:Prentice Hall,1999
[11] Patrick D T, O'Connor. Practical Realiability Engineering [M]. 4th Edition. New York:John Wiley & Sons Inc,2002
[12] Dhillon B S, Rayapati S N. Human Performance reliability modeling [J]. Microelectronics and Reliability,1988,28(4):573-580
[13] Taghi M. Khoshgoftaar, Edward B. Allen. Predicting Fault-Prone Software Modules in Embedded Systems with Classification Trees [J]. International Journal of Reliability, Quality and Safety Engineering,2002,9(1):1-16
[14] Vanderperre E J, Makhanov S S. Risk Analysis of a Robot-Safety Device System[J]. International Journal of Reliability, Quality and Safety Engineering,2002,9(1):79-87
[15] Kee H I, Ravi Partthasarath. Design of the lift-Gate Wedges in Sports Utility Vehicles for Improved Reliability [J]. Quality and Safety Engineering,2002,9(1):79-87
[16] Fredrik Ekdahl, Per Persson. Introducing Domain Knowledge for Selection of Active Factors in Designed Experiments [J]. International Journal of Reliability, Quality and Safety Engineering,2001,8(1):77-85
[17] Daming Lin, Ming J Zuo, Richard C M. Yam. General Sequential Imperfect Preventive Maintenance Models [J]. International Journal of Reliability, Quality and Safety Engineering,2000,7(3):253-266
[18] Gregory Levitin, Amatoly Lisnianski. A new approach to solving problems of multi_state system reliability optimization [J]. Quality and Reliability Engineering International,2001,17(2):93-104
[19] Francois Peres, Daniel Noyes. Evaluation of a maintenance strategy by the analysis of the rate of repair [J]. Quality and Reliability Engineering International,2003,1(2):129-148

[20] Tadashi Bohi, Toshiaki Matsuoka, Shunji Osaki. An infinite server queuing model for assessment of the software reliability [J]. Electronics and Communications in Japan (Part III: Fundamental Electronic Science), 2002, 85(3): 43-51

[21] Kiyoshi Sawad, Hiroaki Sandoh. Software reliability demonstration testing with consideration of damage size of software failures [J]. Electronics and Communications in Japan (Part III: Fundamental Electronic Science), 1999, 82(5): 10-21

[22] Todino M T. Setting reliability requirements based on minimum failure-free operating periods [M]. New York: John Wiley & Sons Ltd, 2002

[23] Andrew Greasley. Using simulation to assess the service reliability of a train maintenance depot [J]. Quality and Reliability Engineering International, 2000, 16(3): 221-228

[24] Eliza Chiang, Tim Menzies. Simulations for very early lifecycle quality evaluations [J]. Software Process: Improvement and Practice, 2002, 7(3-4): 141-159

[25] Masato Takahashi, Kenji Tanaka, Kazuyuki Suzuki. Fault tree diagnosis based on minimal cut sets and using repair information [J]. Electronics and Communications in Japan (Part III: Fundamental Electronic Science), 1999, 82(11): 38-46

[26] Thomas J Diciccio, Peter W Glynn. Note: On the value of function evaluation location information in Monte Carlo simulation [J]. Management Sci, 1995, 41(4): 733-735

[27] Siu N. Risk assessment for dynamic systems: An overview[J]. Reliability Engineering and System Safety, 1994, 43: 43-73

[28] Dugan J B, Bavuso S J, Boyd M. Dynamic fault-tree models for fault-tolerant computer systems[J]. Reliability, IEEE Transactions on, 1992, 41(3): 363-377

[29] Patterson-Hine F A, Dugan J B. Modular techniques for dynamic fault tree-analysis[C]. Reliability and Maintainability Symposium. IEEE, 1992: 363-369

[30] Leveson N G, Stolzy J L. Safety Analysis Using Petri Nets [J]. IEEE Trans Software Eng, 1987, SE-13(3): 386-397

[31] Ouali M S, AitKadi D. Fault Diagnosis Model Based on Petri Net with Fuzzy Colors [J]. Computers & Industrial Engineering, 1999, 37: 173-176

[32] Kumar V, Aggarwal K K. Petri net modelling and reliability evaluation of distributed processing systems[J]. Reliability Engineering & System Safety, 1993, 41(2): 167-176

[33] Mo Cho Seung, Hong Hyoung Seok, Deok Cha Sung. Safety Analysis Using Colored Petri Nets [J]. IEEE Transactions on industrial electronics, 1996, 43: 176-183

[34] Angela A, David H. Failure and safety assessment of systems using Petri nets [C]//IEEE International Conference on Robotics and Automation. Washington, D. C. : Institute of Electrical and Electrical Engineers Inc, 2002

[35] Nivolianitou Z S, Leopoulos V N, Konstantinidou M. Comparison of techniques for accident scenario analysis in hazardous systems [J]. Journal of Loss Prevention in the Process Industries, 2004, 17 (6): 467-475

[36] Khan F I, Abbasi S A. Risk analysis of an epichlorohydrin manufacturing industry using the new computer automated tool MAXCRED [J]. Journal of Loss Prevention in the Process Industries, 1997,

10(2): 91-100

[37] Khan F I, Abbasi S A. Assessment of risks posed by chemical industries-application of a new computer automated tool MAXCRED-Ⅲ [J]. Journal of Loss Prevention in the Process Industries, 1999, 12(6): 455-469

[38] Khan F I, Abbasi S A. A criterion for developing credible accident scenarios for risk assessment [J]. Journal of Loss Prevention in the Process Industries, 2002, 15 (6): 467-475

[39] Khan F I, Abbasi S A. Design and evaluation of safety measures using a newly proposed methodology "SCAP" [J]. Journal of Loss Prevention in the Process Industries, 2002, 15 (2): 129-146

[40] Abdel-Aty M A, Radwan A E. Modeling traffic accident occurrence and involvement [J]. Accident Analysis and Prevention, 2000, 32(5): 633-642

[41] Evans A W. Estimating transport fatality risk from past accident data [J]. Accident Analysis and Prevention, 2003, 35 (4): 459-472

[42] Maher M J, Summersgill I. A comprehensive methodology for the fitting of predictive accident models [J]. Accident Analysis and Prevention, 1996, 28 (3): 281-296

[43] Shankar V N, Milton J C, Mannering FL. Modeling accident frequencies as zero altered probability processes: an empirical inquiry [J]. Accident Analysis and Prevention, 1997, 29 (6): 829-837

[44] Milton J C, Shankar V N, Mannering F L. Highway accident severities and the mixed logit model: an exploratory empirical analysis [J]. Accident Analysis and Prevention, 2008, 40 (1): 260-266

[45] Abbas K A. Traffic safety assessment and development of predictive models for accidents on rural roads in Egypt [J]. Accident Analysis and Prevention, 2004, 36 (2): 149-163

[46] Zahra Mohaghegh, Reza Kazemi, Ali Mosleh. Incorporating organizational factors into Probabilistic Risk Assessment (PRA) of complex socio-technical systems: A hybrid technique formalization [J]. Reliability Engineering and System Safety, 2009(94): 1000-1018

[47] Rasmussen J. Risk management in a dynamic society: a modeling problem [J]. Safety Science, 1997 (27): 183-213

[48] Rasmussen N. Reactor safety study [C]. WASH-1400. Washington D C: US Nuclear Regulatory Commission, 1975

[49] Swain A D, Guttmann H E. Handbook of human reliability analysis with emphasis on nuclear power plant applications, NUREG/CR-1278[R]. Washington D C: Nuclear Regulatory Commission, 1983

[50] Reason J. Human error [M]. New York: Cambridge University Press, 1990

[51] Reason J. Managing the risks of organizational accidents[M]. Aldershot: Ashgate, 1997

[52] Embrey D E. Incorporating management and organizational factors into probabilistic safety assessment [J]. Reliab Eng Syst Saf, 1992, 38:199-208

[53] Davoudian K, et al. Incorporating organizational factors into risk assessment through the analysis of work processes [J]. Reliab Eng Syst Saf, 1994, 45(1-2): 85-105

[54] Davoudian K, et al. The work process analysis model (WPAM)[J]. Reliab Eng Syst Saf, 1994, 45: 107-125

[55] Pate-Cornell M E, Murphy D M. Human and management factors in probabilistic risk analysis: the SAM approach and observations from recent application [J]. Reliab Eng Syst Saf, 1996, 53(2): 115-

[56] Mosleh A, Goldfeiz E B. An approach for assessing the impact of organizational factors on risk [J]. Center for Technology Risk Studies, University of Maryland at College Park, 1999

[57] Luxhøj J T. Building a safety risk management system: a proof of concept prototype[C]. FAA/NASA Risk Analysis Workshop, Arlington, VA, USA. 2004

[58] Roelen A L C, Wever R, Hale A R, et al. Causal modeling for integrated safety at airports [J]. Safety and reliability. Swets and Zeitlinger, Lisse, 2003

[59] Smidts C, Devooght J, Labeay P E. Dynamic reliability: future directions[M]. Center of [sic] Reliability Engineering, 2000

[60] Mosleh A, Zhu D, Hu Y, et al. Simulation-based probabilistic risk assessment system [D]. College Park: University of Maryland, 2007

[61] Hollnagel E. Cognitive reliability and error analysis method (CREAM) [M]. Amsterdam: Elsevier, 1998

[62] Mosleh A, Chang Y H. Model-based human reliability analysis: prospects and requirements [J]. Reliability Engineering & System Safety, 2004, 83(2): 241-253

[63] Siu N. Risk assessment for dynamic systems: an overview [J]. Reliab Eng Syst Saf, 1994, 43:43-73

[64] Chang Y H, Mosleh A. Cognitive modeling and dynamic probabilistic simulation of operating crew response to complex system accidents [J]. Part 5: Dynamic probabilistic simulation of IDAC model. Reliab Eng Syst Saf, 2006, 92: 1076-1101

[65] Weick K. Managing the unexpected: assuring high performance in an age of complexity [M]. New York: Wiely, 1977

[66] Senge P M. The fifth discipline: the art and practice of the learning organization [M]. New York: Doubleday, 1990

[67] Perrow C. Normal accidents [M]. New York: Inc. Publishers, 1984

[68] Biondi E L. Organizational factors in the reliability assessment of offshore systems [D]. Corvallis: Oregon State University, 1998

[69] Bella A. Organized complexity in human affairs the tobacco industry [J]. J Bus Ethics, 1997, 16: 977-999

[70] Cooke D L. The dynamics and control of operational risk [D]. Calgary: The University of Calgary, 2004

[71] Leveson N. A new accident model for engineering safer systems [J]. Safety Science, 2004, 42(4): 237-270

[72] Sterman J. Business dynamics: system thinking and modeling for complex world[M]. New York: McGraw-Hill Companies, 2000

[73] Yu J, Ahn N, Jae M. A quantitative assessment of organizational factors affecting safety using system dynamics model [J]. J Korean Nucl Soc 2004, 36(1): 64-72

[74] 黄宏伟,叶永峰,胡群芳. 地铁运营安全风险管理现状分析[J]. 中国安全科学学报,2008,18(7): 55-62

[75] 刘艳,代宝乾,汪彤.地铁运营系统危险有害因素辨识分析[J].中国安全科学学报,2005,15(10):80-83

[76] 宋维华,殷位洋.地铁运营安全的风险管理[J].城市轨道交通研究,2009(2):59-61

[77] 金淮,张成满,马雪梅,等.城市轨道交通安全风险技术管理体系的建立[J].都市快轨交通,2010,23(1):34-37

[78] 毛儒.轨道交通安全风险管理[J].都市快轨交通,2007,20(4):7-8

[79] 马开明.地铁运营安全的风险评估与管理[D].湖南:湖南大学,2010

[80] 张淼.基于故障树的地铁综合监控系统可靠性分析方法研究与软件研制[D].成都:西南交通大学,2007

[81] 何杰,张娣,张小辉,等.基于FTA-Petri网的地铁火灾事故安全性研究[J].中国安全科学学报,2009,19(10):77-82

[82] 师立晨,多英全,曾明荣,等.安全措施在定量风险评价中量化表征的研究[J].中国安全生产科学技术,2010,6(1):73-77

[83] 张元.民航安全风险定量评价模型研究[J].中国安全科学学报,2007,17(9):140-145

[84] Huang C F. The Basic Principle of Integrated Risk Assessment//Proceedings of the First International Conference on Risk Analysis and Crisis Response [C]. Paris: Atlantis Press, 2007:1-6

[85] 赵学刚.区域路网交通安全风险动态预警关键技术研究[D].西安:长安大学,2010

[86] 闵京华,王晓东,邵忠岿,等.信息系统安全风险的概念模型和评估模型[J].信息安全与通信保密,2004(8):58-60

[87] Cooper J A. Portraying information about sources of data in probabilistic analyses[J]. ASME-PUBLICATIONS-PVP, 1998, 378: 39-46

[88] Carter G, Smith S D. Safety Hazard Identification on Construction Projects [J]. Journal of Construction Engineering and Management, 2006, 132(2): 197-205

[89] Rice A K. The Enterprise and Its Environment [M]. London: Tavistock Publications, 1963

[90] 孙爱军,刘茂.基于社会技术系统视角的我国重大生产安全事故致因分析模型[J].煤炭学报,2010,35(5)

[91] 李增惠.复杂社会技术系统的安全控制学术讨论会[J].科学学研究,2001,19(1):107-108

[92] Chengdong Wang. Hybrid Causal Logic Methodology for Risk Assessment [D]. College Park: University of Maryland, 2007

[93] Cook R I. A brief look at the New Look in complex system failure, error, safety, and resilience [EB]. http://www.Ctlab.org

[94] 王以群,李鹏程,张力.复杂社会技术系统中人误演变过程[J].人类工效学,2008,14(1):38-41

[95] 于广涛,李永娟.复杂社会技术系统安全控制人因研究的转变趋向[J].中国安全科学学报,2009,19(4):32-37

[96] 许正权.复杂社会技术系统事故成因结构敏感性分析[J].中国安全科学学报,2007,17(6):11-16

[97] Rasmussen J, Karlstad. Proactive risk management in a dynamic society[C]. Sweden: Swedish Rescue Services Agency, 2000

[98] Nancy G Leveson. Model-based analysis of socio-technical risk [R]. Massachusetts Institute of Technology Engineering Systems Division, 2004

[99] 孙爱军,刘茂. 基于社会技术系统视角的我国重大生产安全事故致因分析模型[J]. 煤炭学报,2010,35(5)

[100] Diergardt M. Modeling Scenarios for Analyzing the Risk of Complex Computer Based Information System [D]. Zurich: Swiss Federal Institute of Technology Zurich, 2005

[101] Rouhiainen V, Suokas J. Quality management of safety and risk analysis[M]. Amsterdam: Elsevier, 1993

[102] DoD (Department of Defense). Procedures for performing a failure mode, effects and criticality analysis [C], Washington D C, 1980

[103] Henley E, Kumamoto H. Reliability Engineering and Risk Assessment, Englewood Cliffs [M]. New Jersey: Prentice-Hall, 1981

[104] Stamatelatos M. Probabilistic Risk Assessment Procedures Guide for NASA Managers and Practitioners[R]. Washington D C: Office of safety and Mission Assurance, NASA Headquarters, 2002

[105] Swaminathan S, Smidts C. The Event Sequence Diagram Framework for Dynamic Probabilistic Risk Assessment [J]. Reliability Engineering and System Safety, 1999, 63: 73-90

[106] Pickard L. Seabrook Station Probabilistic Safety Assessment, PLG-0300[R]. Prepared for Public Service Company of New Hampshire and Yankee Atomic Electric Company, Newport Beach, CA, USA, 1983

[107] Stutzke M. Accident Sequence Analysis Task Procedure, RE Ginna Nuclear Power Plant PRA Project[R]. Procedure TQAP-2118-1.1, 1991

[108] 谭林,张新贵,龚时雨. 事件序列图方法及其应用[J]. 可靠性工程,2005,4(4): 145-147

[109] Swaminathan S, Smidts C. The Mathematical Formulation for the Event Diagram Framework [J]. Reliability Engineering and System Safety, 1999(65): 103-118

[110] Hale A R, Heming B H J, Carthey J, and Kirwan. Modeling of safety management system [J]. Safety Science, 1997, 26: 121-140

[111] Mayer R J, Menzel C P, Paineter M K, et al. Information integration for concurrent engineering (iice) idef3 process description capture method report[R]. Knowledge BASED Systems, Inc., College Station, TX, 1995

[112] Marca D A, MacGowan C L. SADT: Structured Analysis and Design Technique[M]. New York: McGraw-Hill, 1988

[113] Heins W. Structured Analysis and Design Technique (SADT): Application on Safety Systems [R]. TopTech Studies, Delft, 1993

[114] S Swaminathan, C Smidts. The Mathematical Formulation for the Event Diagram Framework [J]. Reliability Engineering & System Safety,1999, 65:103-118

[115] James L R. Aggregation bias in estimate of perceptual agreement [J]. Journal of Applied Psychology, 1982, 67: 219-229

[116] Simon H A. Spurious correlation: a causal interpretation [J]. Journal of the American Statistical Association, 1954, 49(267): 469-479

[117] Bollen K. Structural Equations with Latent Variables [M]. New York: John Wiley & Sons, 1989

[118] Zahra Mohaghegh-Ahmadabadi. On The Theoretical Foundations and Principles of Organizational Safety Risk Analysis [D]. College Park: University of Maryland, 2007

[119] 张力. 人机系统中人员行为形成因子[J]. 安全, 1992, (5): 4-6

[120] 张力, 黄曙东, 黄祥瑞. 基于 THERP+HCR 的人因事件分析模式及应用[J]. 核动力工程, 2003, 24(3): 272-276

[121] Hafmann D, Stezer A. A Cross Level Investigation of Factors Influencing Unsafe Behavior and Accidents [J]. Personal Psychology, 1996, 49: 301-339

[122] Embrey D E., Humphreys P, Rosa E A, et al. SLIM-MAUD: An approach to assessing human error probabilities using structured expert judgment, NUREG/CR-3518[R]. Washington D C: Nuclear Regulatory Commission, 1984

[123] Gertman D I, Blackman H S. Human reliability and safety analysis data handbook [M]. New York: John Wiley & Sons, INC, 1994

[124] Contractual Safety Case (Version 3.22) [S]. London: Tube Lines Limited, 2004

[125] McConnell C W. Predictors of work injuries: A quantitative exploration of level of English proficiency as a predictor of work injuries in the construction industry [D]. Fort Collins: Colorado State University, 2004

[126] Bier V M, Yi W. The performance of precursor-based estimators for rare event frequencies[J]. Reliability Engineering and System Safety, 1995, 50: 241-251

[127] Grabowski M, Ayyalasomayajula P, Merrick J, et al. Accident precursors and safety nets: leading indicators of tanker operations safety [J]. Maritime Policy & Management, 2007, 34 (5): 405-425

[128] Peter J M, Sonnemans P M, Körvers W. Accidents in the chemical industry: are they foreseeable? [J]. Journal of Loss Prevention in the Process Industries, 2006, 19(1): 1-12

[129] Meel A, Neill L M O, Levina J H, et al. Operational risk assessment of chemical industries by exploiting accident database [J]. Journal of Loss Prevention in the Process Industries, 2007, 20: 113-127

[130] Phimister J R, Bier V M. Kunreuther (Eds), H. C. Accident Precursor Analysis and Management: Reducing Technological Risk through Diligence [M]. Washington D C: National Academy Press, 2004

[131] Suraji A, Duff A R. Identifying Root Causes of Construction Accidents: Comments [J]. Journal of Construction Engineering and Management, 2001: 348-349

[132] Bird F E, Germain G L. Practical Loss Control Leadership [M]. Revised ed. Calgary: Det Norske Veritas, 1996

[133] Columbia Accident Investigation Board (CAIB). Columbia Accident Investigation Board Report [R]. Washington D C: National Aeronautics and Space Administration, 2003

[134] Vaughan D. The Challenger Launch Decision: Risky Technology Culture and Deviance at NASA [M]. Chicago: University of Chicago Press, 1996

[135] Chiles J R. Inviting Disaster: Lessons from the Edge of Technology [M]. New York: Harper Collins Press, 2002

[136] Cullen W D. The Ladbroke Grove Rail Inquiry [M]. Norwich: Her Majesty's Stationery Office

Press,2000

[137] CSB (Chemical Safety Board). Investigation Report: Chemical Manufacturing Incident [M]. NTISPB2000-107721,Washington D C: Chemical Safety Board,2002

[138] Muttram R I. Railway safety's safety risk model [J]. Proc Instn Mech Engrs, Part F: J Rail and Rapid Transit,2002

[139] Hirsch R. Accident precursor monitoring in metro railways [C]. In Asia-Pacific Conference on Risk Management and Safety,2005

[140] Miltiadis A. Kyriakidis, Robin Hirsch, Arnab Majumdar. Metro railway safety: an analysis of accident precursors [C]. TRB 2011 Annual Meeting,2011

[141] Weick K E, Sutcliffe K M. Managing the Unexpected: Assuring High Performance in an Age of Complexity [M]. New York: John Wiley and Sons, 2001

[142] 吴伟巍. 施工现场安全危险源实时监控与安全风险预测方法研究[D]. 南京: 东南大学, 2009

[143] 王洪德, 潘科, 姜福东. 基于AHP的影响城市地铁运营安全的危害分析及预防对策[J]. 铁道学报, 2007(02): 27-31

[144] 刘艳, 汪彤, 吴宗之. 地铁运营事故风险中的乘客因素分析[C]. 中国灾害防御协会风险分析专业委员会第二届年会论文集(二), 2006

[145] 曾险峰. 地铁运营事故的分析与预防[J]. 科技信息, 2009(17): 163

[146] 谢新强. 分析建筑安全事故原因及预防措施[J]. 黑龙江科技信息, 2009(29): 259

[147] 翟家常. 建设工程安全事故原因分析及对策研究[D]. 天津: 天津大学, 2010

[148] 程道来, 杨琳, 仪垂杰. 飞机飞行事故原因的人为因素分析[J]. 中国民航飞行学院学报, 2006(06): 3-7

[149] 张力. 核电站人因失误分析与防止对策[J]. 核动力工程, 1990(04): 91-96

[150] 曾铁梅, 侯建国. 地铁营运风险管理初探[J]. 武汉大学学报(工学版), 2007(06): 84-87

[151] 孙斌, 田水承, 等. 对人的不安全行为的研究及解决对策[J]. 陕西煤炭, 2002(01): 22-24

[152] 耿晓伟, 王文岩, 刘利剑. 人因失误及其可靠性分析[J]. 辽宁工程技术大学学报, 2003(S1): 83-84

[153] 黄曙东. 现代化工业企业人因失误分析与事故预防[J]. 工业安全与环保, 2002(08): 41-43

[154] 刘轶松. 安全管理中人的不安全行为的探讨[J]. 西部探矿工程, 2005(06): 226-228

[155] 杨志峰. 企业职工心理安全影响因素的研究与分析[J]. 林业劳动安全, 2010(02): 20-23

[156] 李宪杰. 煤矿安全事故原因分析及防范对策[J]. 内蒙古煤炭经济, 2001(03): 39-42

[157] 周伟. 浅谈造成事故的心理因素[J]. 石油商技, 1994(06): 49-50

[158] Scarborough A, Pounds J. Retrospective human factors analysis of ATC operational errors [C]. Paper presented at the 11th International Symposium on Aviation Psychology, Columbus, OH, 2001

[159] Wiegmann D A, Shappell S A. A human error analysis of commercial aviation accidents using the human factors analysis and classification system (HFACS) [R]. Federal Aviation Administration Technical Report No. DOT/FAA/AM-01/3. National Technical Information Service, 2001

[160] Reinach S, Viale A. Application of a human error framework to conduct train accident/incident investigations [J]. Accident Analysis and Prevention, 2006(38): 396-406

[161] Bordens K S, Albott B B. Research Design and Method, a Process Approach [M]. 2nd ed. California: Mayfield Publishing Company, 1991

[162] Gibb A, Haslam R, Gyi D, et al. What causes accidents? [C] Proceedings of the Institution of Civil Engineers, Civil engineering, 2006, 159 (2): 46-50

[163] HSE. Causal factors in construction factors [M]. Norwich: HSE book, 2003

[164] Accident Report NTSB/RAR - 07/03 PB2007 - 916303 [R]. National Transportation Safety Board, 2007

[165] 龚自方. 关于信号检测论原理的讨论[J]. 心理科学, 1995 (18)

[166] Macmillan N A, Creelman C. D. Triangles in ROC space: history and theory of "nonparametric" measures of sensitivity and response bias[J]. Psychonomic Bulletin and Review, 1996(3): 164-170

[167] Swets J A. Signal detection theory and ROC analysis in psychology and diagnosis[M]. Mahwah, NJ: Erlbaum, 1996

[168] 刘军, 李光, 陈裕泉. 用信号检测理论和泊松过程仿真感觉系统中随机共振现象[J]. 浙江大学学报（理学版）, 2005, 32(2): 211-215

[169] 费珍福, 王树勋, 何凯. 分形理论在语音信号端点检测及增强中的应用[J]. 吉林大学学报(信息科学版), 2005, 23(1): 139-142

[170] 孙中伟, 冯登国, 武传坤. 基于弱信号检测理论的离散小波变换域数字水印盲检测算法[J]. 计算机研究与发展, 2006, 43(11): 1920-1926

[171] 朱志宇, 姜长生, 张冰, 等. 基于混沌理论的微弱信号检测方法[J]. 传感器技术, 2005, 24(5): 65-69

[172] 侯楚林, 熊萍, 王德. 基于互相关与混沌理论相结合的水下目标信号检测[J]. 鱼雷技术, 2006, 14(5): 17-19

[173] 郑丹丹, 张涛. 基于混沌理论的涡街微弱信号检测方法研究[J]. 传感技术学报, 2007, 20(5): 1103-1108

[174] 张汝华, 杨晓光, 储浩. 信号采样理论在交通流检测点布设中的应用[J]. 中国公路学报, 2007, 20(6): 105-110

[175] 李月, 杨宝俊, 林红波, 等. 基于特定混沌系统微弱谐波信号频率检测的理论分析与仿真[J]. 物理学报, 2005, 54(5): 1994-1999

[176] Swets J, Pickett R M. Evaluation of diagnostic systems: Methods from signal detection theory[M]. New York: Academic Press, 1986

[177] Green M, Swets A. Signal Detection Theory and Psychophysics[M]. New York: Wiley, 1966

[178] Swets A. ROC analysis applied to the evaluation of medical imaging techniques[J]. Investigative Radiology, 1979, 14 (2): 203-206

[179] Wickens T. Elementary Signal Detection Theory[M]. New York: Oxford University Press, 2002

[180] Deshmukh A, Rajagopalan B. Performance analysis of filtering software using Signal Detection Theory[J]. Decision Support System, 2006(42): 1015-1028

[181] Pickett G M, Grunhagen M, Grove S J. Signal Detection Theory: a tool to enhance retail service quality[C]//AMA Winter Educators' Conference Proceedings, 2001, 12

[182] Ramsay R J, Tubbs R M. Analysis of diagnostic tasks in accounting research using signals detection theory[J]. Behavior Research in Accounting, 2001(17): 149-173

[183] 陈宁. 浅谈信号检测论在广告再认测试中的应用与修正[J]. 心理学探新, 1999, 70(19): 56-61

[184] 乐国安, 李安. 惩罚犯罪与保障无辜的信号检测论分析[J]. 杭州师范学院学报(社会科学版), 2004, 5

(9): 36-40

[185] 苗青.基于信号检测论的新业务投资决策有限理性实验[J].心理科学,2008,31(2): 396-400

[186] 张铎.信号检测论在船舶瞭望中的应用[J].青岛远洋船员学院学报,2006,4(27): 1-5

[187] 杨治良,叶奕乾,祝蓓里,等.再认能力最佳年龄的研究——试用信号检测论分析[J].心理学报,1981(1): 42-48

[188] Masalonis A, Parasuraman R. Fuzzy signal detection theory: Analysis of human and machine performance in air traffic control, and analytic considerations [J]. Ergonmics, 2003, 46(11): 1045-1074

[189] Huang D, Chen T, Wang M J J. A fuzzy set approach for event tree analysis [J]. Fuzzy Sets and Systems, 2001: 153-165

[190] 李娜,赵新杭,付海军.基于模糊数的事件树法在大坝风险分析中的应用研究[J].中国农村水利水电, 2009,(10): 135-139

[191] Wickens C D. Engineering Psychology and Human Performance [M]. 2nd Ed. New York: Harper Collins Publishers Inc, 1992: 211-257

[192] 朱云斌,黄晓明,常青.模糊故障树分析方法在机场环境安全中的应用[J].国防科技大学学报,2009,31(6): 126-131

[193] Parasuraman R, Masalonis A J, Hancock P A. Fuzzy signal detection theory: Basic postulates and formulas for analyzing human and machine performance[J]. Human Factors, 2000, 42: 636-659

[194] Gadd S A, Keeley D M, Balmforth H F. Pitfalls in risk assessment: examples from the U. K. [J]. Safety Sci., 2004, 42: 841-857

[195] Goh Y M, Chua D K H. Case-based reasoning for construction hazard identification: Case representation and retrieval [J]. J. Constr. Eng. Manage., 2009, 135 (11): 1181-1189

[196] Balducelli C, D'Esposito C. Genetic agents in an EDSS system to optimize resources management and risk object evacuation [J]. Safety Sci., 2000, 35 (1-3): 59-73

[197] Mendes J R P, Morooka C K, Guilherme I R. Case-based reasoning in offshore well design [J]. J. Pet. Sci. Eng., 2003, 40 (1-2): 47-60

[198] Goh Y M, Chua D K H. Case-Based Reasoning Approach to Construction Safety Hazard Identification: Adaptation and Utilization [J]. Journal of Construction Engineering and Management, 2010: 170-178

[199] 胡良明,徐诚,方峻. CBR 技术在枪械方案设计专家系统中的应用[J].系统仿真学报,2007,19(4): 772-775

[200] 彭宇,车文刚,杨健. CBR 系统中实例数据库冗余的解决[J].大连民族学院学报,2005

[201] Janet Kolodner. Case-based Reasoning [J]. Morgan Kaufmann Publishers Inc, 1994: 30-45

[202] Aamodt A, Plaza E. Case-based reasoning: foundational issues, methodological variations, and system approaches[J]. AI Communications, 1994(7): 39-59

[203] Aha D W, Mcsherry, David, et al. Advances in conversational case-based reasoning [J]. The Knowledge Engineering Review, 2005(20), 247-254

[204] 陈铭.航空事故案例库设计及检索方法研究[D].南京:南京航空航天大学,2009

[205] Neil M, Fenton N, Forey S, et al. Using Bayesian belief networks to predict the reliability of

military vehicles [J]. Computing & Control Engineering Journal, 2001, 12(1): 11-20

[206] Marsh W, Bearfield G. Using Bayesian Networks to Model Accident Causation in the UK Railway Industry [EB/OL]. http://www.eecs.qmul.ac.uk/~william/PSAM7/accident_causation_PSAM7.pdf, 2008

[207] Norrington L, Quigley J, Russell A, et al. Modelling the reliability of search and rescue operations with Bayesian Belief Networks [J]. Reliability Engineering and System Safety, 2008, 98(7): 940-949

[208] Kim M C, Seong P H. An analytic model for situation assessment of nuclear power plant operators based on Bayesian inference [J]. Reliability Engineering and System Safety, 2006, 9(13): 270-282

[209] Luxhøj J T. Probabilistic Causal Analysis for System Safety Risk Assessments in Commercial Air Transport [C]. Proceedings of the Workshop on Investigating and Reporting of Incidents and Accidents. Williamsburg, 2003:16-19; Hampton NASA, 2003:17-38

[210] Assessment F S. Consideration on utilization of Bayesian network at step 3 of FSA, Maritime Safety Committee[J]. 81st Session, 2006

[211] Clemens P L. Making Component Failure Probability Estimates [EB/OL]. http://www.sverdrup.com/safety/failprob.pdf, 2002

[212] Oztekin A. A generalized hybrid fuzzy-bayesian methodology for modeling complex uncertainty [D]. New Brunswick Rutgers: The State University of New Jersey, 2009

附 录

附录1:关于地铁运营安全风险前兆信息的调查问卷

敬启者:您好!

  本问卷的目的在于调查地铁运营相关人员对于前兆信息的判断。该问卷不记名,请您按照您对地铁运营安全的理解和实际情况回答。

  我们保证,本次问卷的调查数据仅用于学术研究,对您个人资料和回答的信息内容保密。非常感谢您对我们工作的配合与支持!

  祝您身体健康,工作顺利!

一、基本资料

1. 您的年龄:(　　)

 A. 20岁及以下　　　　B. 21～30岁　　　　C. 31～40岁

 D. 41～50岁　　　　　E. 50岁以上

2. 您从事的地铁工作年限:(　　)

 A. 1年及以下　　　　B. 2～3年　　　　　C. 4～6年

 D. 7～9年　　　　　　E. 10年及以上

3. 您的学历:(　　)

 A. 高中及以下　　　　B. 中专、技校　　　　C. 大专

 D. 本科　　　　　　　E. 硕士及以上

4. 您的工种:(　　)

 A. 线路维护施工负责人　　B. 安全监督员　　　　C. 现场防护员

 D. 线路工务人员　　　　　E. 巡道人员

 其他(请您列出)_____

5. 您是否参与过安全培训:(　　)

 A. 是　　　　　　　　B. 否

如果回答是,则参与安全培训的频率为(　　)

 A. 频率≤一周　　　　B. 一周<频率≤一个月

C. 一个月＜频率≤一年　　　D. 频率＞一年

6. 您工作以来,经历过事故的情况:(　　)

A. 没有　　　　　　　　　B. 经历过一些隐患事件

C. 经历过一些小事故　　　D. 经历过较大的安全事故

7. 您工作以来,是否发生由您的责任造成的安全事故:(　　)

A. 没有　　　　　　　　　B. 有过隐患事件

C. 有过一些小事故　　　　D. 出现过较大的安全事故

二、风险情景的危险度判别情况

	填表说明	危险度:您可以选择0~10之间的任何数字,其中0代表"绝对安全",5代表"一般危险",10代表"极其危险"。
1	情形描述	进站列车前方轨道上有物体(　　)
	危险度	0□ 1□ 2□ 3□ 4□ 5□ 6□ 7□ 8□ 9□ 10□
2	情形描述	车辆运行过程中,门锁紧机构失效(　　)
	危险度	0□ 1□ 2□ 3□ 4□ 5□ 6□ 7□ 8□ 9□ 10□
3	情形描述	未设置警示信号标志(　　)
	危险度	0□ 1□ 2□ 3□ 4□ 5□ 6□ 7□ 8□ 9□ 10□
4	情形描述	维修人员在轨道高温时维修(　　)
	危险度	0□ 1□ 2□ 3□ 4□ 5□ 6□ 7□ 8□ 9□ 10□
5	情形描述	列车将进站时,乘客越出警戒线(　　)
	危险度	0□ 1□ 2□ 3□ 4□ 5□ 6□ 7□ 8□ 9□ 10□
6	情形描述	司机作业时注意力不集中(　　)
	危险度	0□ 1□ 2□ 3□ 4□ 5□ 6□ 7□ 8□ 9□ 10□
7	情形描述	列车进站前,乘客掉入轨道(　　)
	危险度	0□ 1□ 2□ 3□ 4□ 5□ 6□ 7□ 8□ 9□ 10□
8	情形描述	在一定的工作强度下工作10 h(　　)
	危险度	0□ 1□ 2□ 3□ 4□ 5□ 6□ 7□ 8□ 9□ 10□
9	情形描述	列车运行时,车轴温度非常高(　　)
	危险度	0□ 1□ 2□ 3□ 4□ 5□ 6□ 7□ 8□ 9□ 10□
10	情形描述	轨道松动(　　)
	危险度	0□ 1□ 2□ 3□ 4□ 5□ 6□ 7□ 8□ 9□ 10□
11	情形描述	车辆漏电(　　)
	危险度	0□ 1□ 2□ 3□ 4□ 5□ 6□ 7□ 8□ 9□ 10□
12	情形描述	地铁在下着小雨的情况下运行(　　)
	危险度	0□ 1□ 2□ 3□ 4□ 5□ 6□ 7□ 8□ 9□ 10□
13	情形描述	乘客无意携带易爆品进站上车(　　)
	危险度	0□ 1□ 2□ 3□ 4□ 5□ 6□ 7□ 8□ 9□ 10□
14	情形描述	车厢内扶手松动(　　)
	危险度	0□ 1□ 2□ 3□ 4□ 5□ 6□ 7□ 8□ 9□ 10□
15	情形描述	轨道不平顺(　　)
	危险度	0□ 1□ 2□ 3□ 4□ 5□ 6□ 7□ 8□ 9□ 10□
16	情形描述	车站内温度过高(　　)
	危险度	0□ 1□ 2□ 3□ 4□ 5□ 6□ 7□ 8□ 9□ 10□

(续表)

	填表说明	危险度：您可以选择 0~10 之间的任何数字，其中 0 代表"绝对安全",5 代表"一般危险",10 代表"极其危险"。
17	情形描述	电视系统发生故障（　　）
	危险度	0□ 1□ 2□ 3□ 4□ 5□ 6□ 7□ 8□ 9□ 10□
18	情形描述	列车超速过限（　　）
	危险度	0□ 1□ 2□ 3□ 4□ 5□ 6□ 7□ 8□ 9□ 10□
19	情形描述	列车将进站时,乘客携带的物品越出警戒线（　　）
	危险度	0□ 1□ 2□ 3□ 4□ 5□ 6□ 7□ 8□ 9□ 10□
20	情形描述	对需要停机维修的设备定期进行维修（　　）
	危险度	0□ 1□ 2□ 3□ 4□ 5□ 6□ 7□ 8□ 9□ 10□

附录2：标准正态分布函数数值表

x \ $\varphi(x)$	0.00	0.01	0.02	0.03	0.04	0.05	0.06	0.07	0.08	0.09
0.0	0.5000	0.5040	0.5080	0.5120	0.5160	0.5199	0.5239	0.5279	0.5319	0.5359
0.1	0.5398	0.5438	0.5478	0.5517	0.5557	0.5596	0.5636	0.5675	0.5714	0.5753
0.2	0.5793	0.5832	0.5871	0.5910	0.5948	0.5987	0.6026	0.6064	0.6103	0.6141
0.3	0.6179	0.6217	0.6255	0.6293	0.6331	0.6368	0.6406	0.6443	0.6480	0.6517
0.4	0.6554	0.6591	0.6628	0.6664	0.6700	0.6736	0.6772	0.6808	0.6844	0.6879
0.5	0.6915	0.6950	0.6985	0.7019	0.7054	0.7088	0.7123	0.7157	0.7190	0.7224
0.6	0.7257	0.7291	0.7324	0.7357	0.7389	0.7422	0.7454	0.7486	0.7517	0.7549
0.7	0.7580	0.7611	0.7642	0.7673	0.7703	0.7734	0.7764	0.7794	0.7823	0.7852
0.8	0.7881	0.7910	0.7939	0.7967	0.7995	0.8023	0.8051	0.8078	0.8106	0.8133
0.9	0.8159	0.8186	0.8212	0.8238	0.8264	0.8289	0.8315	0.8340	0.8365	0.8389
1.0	0.8413	0.8438	0.8461	0.8485	0.8508	0.8531	0.8554	0.8577	0.8599	0.8621
1.1	0.8643	0.8665	0.8686	0.8708	0.8729	0.8749	0.8770	0.8790	0.8810	0.8830
1.2	0.8849	0.8869	0.8888	0.8907	0.8925	0.8944	0.8962	0.8980	0.8997	0.9015
1.3	0.9032	0.9049	0.9066	0.9082	0.9099	0.9115	0.9131	0.9147	0.9162	0.9177
1.4	0.9192	0.9207	0.9222	0.9236	0.9251	0.9265	0.9278	0.9292	0.9306	0.9319
1.5	0.9332	0.9345	0.9357	0.9370	0.9382	0.9394	0.9406	0.9418	0.9430	0.9441
1.6	0.9452	0.9463	0.9474	0.9484	0.9495	0.9505	0.9515	0.9525	0.9535	0.9545
1.7	0.9554	0.9564	0.9573	0.9582	0.9591	0.9599	0.9608	0.9616	0.9625	0.9633
1.8	0.9641	0.9648	0.9656	0.9664	0.9671	0.9678	0.9686	0.9693	0.9700	0.9706
1.9	0.9713	0.9719	0.9726	0.9732	0.9738	0.9744	0.9750	0.9756	0.9762	0.9767
2.0	0.9772	0.9778	0.9783	0.9788	0.9793	0.9798	0.9803	0.9808	0.9812	0.9817
2.1	0.9821	0.9826	0.9830	0.9834	0.9838	0.9842	0.9846	0.9850	0.9854	0.9857
2.2	0.9861	0.9864	0.9868	0.9871	0.9874	0.9878	0.9881	0.9884	0.9887	0.9890
2.3	0.9893	0.9896	0.9898	0.9901	0.9904	0.9906	0.9909	0.9911	0.9913	0.9916
2.4	0.9918	0.9920	0.9922	0.9925	0.9927	0.9929	0.9931	0.9932	0.9934	0.9936
2.5	0.9938	0.9940	0.9941	0.9943	0.9945	0.9946	0.9948	0.9949	0.9951	0.9952
2.6	0.9953	0.9955	0.9956	0.9957	0.9959	0.9960	0.9961	0.9962	0.9963	0.9964
2.7	0.9965	0.9966	0.9967	0.9968	0.9969	0.9970	0.9971	0.9972	0.9973	0.9974
2.8	0.9974	0.9975	0.9976	0.9977	0.9977	0.9978	0.9979	0.9979	0.9980	0.9981
2.9	0.9981	0.9982	0.9982	0.9983	0.9984	0.9984	0.9985	0.9985	0.9986	0.9986
3.0	0.9987	0.9990	0.9993	0.9995	0.9997	0.9998	0.9998	0.9999	0.9999	1.0000

注：本表最后一行自左至右依次是 $\varphi(3.0)$、…、$\varphi(3.9)$ 的值。

附录3:利用Hugin软件计算边际概率及后验概率的界面示意

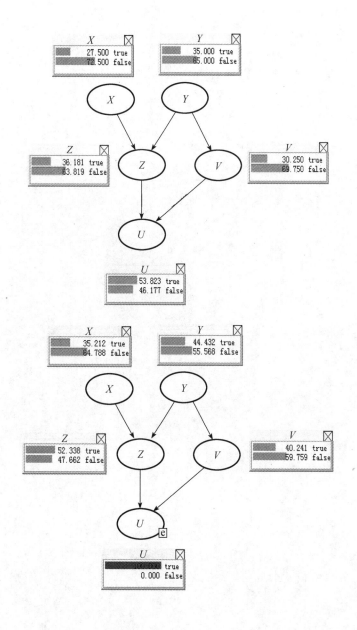